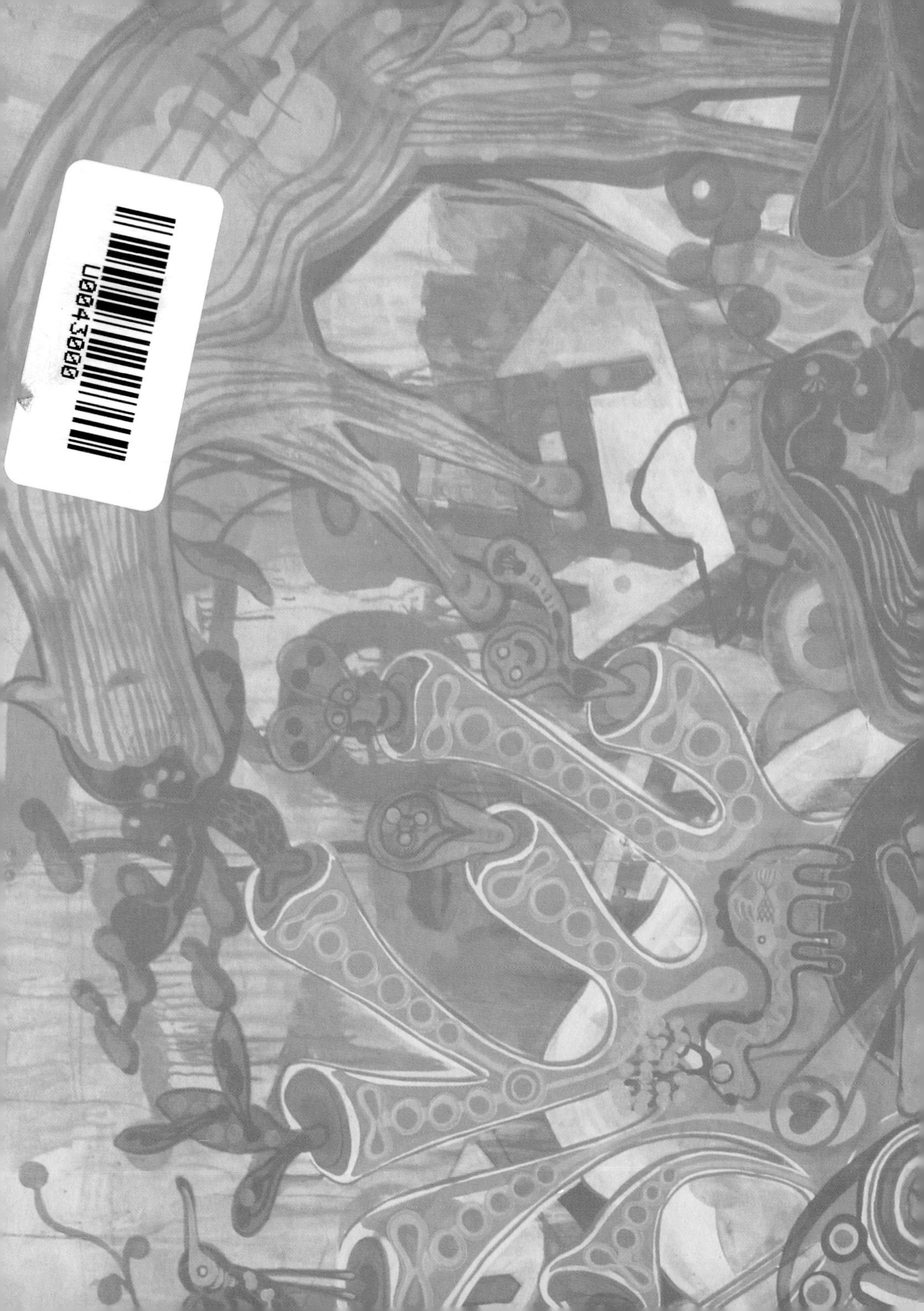

我的荒糖進行式

一個文化恐怖份子的深情自白

Art space　restless mind　direct

蔣耀賢　著

walkers
遠足文化

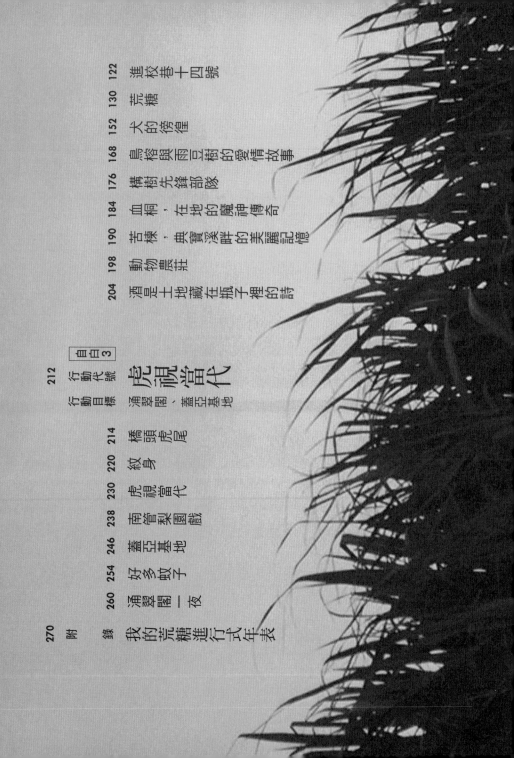

推薦序

充滿歷史感的任事精神

林曼麗　國立台北教育大學藝術與造形設計學系教授
財團法人國家文化藝術基金會董事長

蔣耀賢與商毓芳這對夫妻，我已經忘了是什麼時候開始認識他們，印象裡有很久了，似乎在哪裡都可以看到他們的身影，巴黎、橋頭、台南、台北，最近聽說又到了雲林。他們似乎總是在做著奇異的事情，壁畫、影展、甘蔗酒，也不知怎麼，突然，蔣耀賢居然寫了這麼一本厚厚的書來，但我也是的確透過這本書，才真正地算是認識他們，以及他們過去、現在、未來的事。

夫妻兩個人總是一派輕鬆地出現，而我也是書中所寫那種會問他們「你們靠什麼維生？」的人，但即便面臨這樣的處境，他們依然自在，甚至有點故我，問什麼答什麼，且總有縝密的論證與思索，足證這對夫妻看似沒有規則的人生歷程，實則步步為營，唯一堅持的，總是一種高蹈的理想；我覺得這不管對任何世代的人來說，這樣地營生過活，都是值得珍惜的品質。

夫妻兩個人充滿歷史感的任事精神，是我覺得珍貴的另一個品質。他們總在台灣歷史中、在個人與群體的集體記憶中、在當下以及過往的虛實交錯中，提煉出他們深刻的反省與主體意識，並將這樣的過程具體落實在每日的生活實踐裡，十數年來累積了相當不可忽視的成果。如今透過蔣耀賢充滿感情的文字，在書裡娓娓道來，讀來相當動人可感。不管是認識他們，還是不認識他們，在這書裡呈現出來的夫妻兩個人，就是他們真實的自己。

所以對這樣深情的自白，我樂於為之序。

推薦序

文化的幽光

廖嘉展　新故鄉文教基金會董事長

這是一本「小說」，看來幾分的懸疑，如真似幻，書中有哲理，有愛情，有親情，有生活，有南台灣不可置信的一頁傳奇。說它是小說，是因為它有情節，更有優美華麗又哀怨的脫俗文字，在不忍卒讀當中，又想知道下回如何，蔣公*之文采，如其人，活跳在紙上。

正當台灣社會面臨自我迷失與追尋的年代，在這波浪頭的頂峰，蔣公和幾位朋友在南台灣的民主重鎮——橋頭鄉，創立橋仔頭文史協會，保存台灣最早的糖廠：橋仔頭糖廠。從諸多有關社區營造、文化資產保存、藝術發展……，攪動一池「濁水」，以致於有了本書的諸多章節。

在標榜「社區總體營造」的年代，這是波另類的文化社會運動，它不按常軌，甚至離奇，這些美妙的情節是來自對整個時代及體制的批判與挑戰，也來自蔣公個人的人格養成過程與故鄉橋仔頭給他的刺激與養份。

他說話屌兒郎噹、天馬行空，卻又是邏輯分明；在夢幻的語言中，總是熱情洋溢，甚至不著邊際，又充滿理想的行動，直讓人讚嘆、驚訝、懷疑，但還是做了；有時猶如在太空迷航的戰艦，有時如在惡海中即將沉淪的方舟，但終將看見曙光，有港依靠。

這是甚麼力量的支持？

在南台灣的土地中，陽光炙豔，人也熱情，因此孕育出一群如他般的藝術家與戰友；在他的呼喚下，這十年來攪動台灣的藝術創作的形式，尤其是以「蓋白屋」最為人稱道。在蓋白屋完成虎尾的行動後，他有一天突然打電話給我，說想要去日本的311地震災區蓋白屋，帶去台灣的祝福，但要從埔里的紙教堂出發，問我可以嗎？

*友人對本書作者之暱稱

對於這號人物、這樣的請求，讓我肅然起敬。因為這樣的行動，所費不貲，除了狂人，除了妄人，除了瘋人，少有人敢做如此「春夢」。我沒多考慮，就答應了。

基於新故鄉基金會長期與日本地震災後重建的交流，紙教堂又是連結台灣與日本災後重建精神與友誼的象徵，蔣公說，要去日本311地震災區以藝術交陪，自然要從紙教堂出發。爾後，當然是艱辛的歷程，要寫計畫，要募款，要發落一堆的行政事務，才能展開從到東北311被災地石巻市的旅程。我猶還記得，在那冷冽風中開幕的現場，當點香昭告天地，當大紅布緩緩揭起，那動人的千里眼、順風耳矗立在這片受難的土地上，裡面的那座觀音，聞聲救苦，撫慰人心款款。「新台壁」這群充滿野性的藝術家們，在這裡似乎得到了救贖。

就金錢來說，這是負債的過程，就精神來說，卻是盈滿能量與力氣。在歷歷的往事，或是想望的未來，莫不是如此。此人恐怖的地方正在這裡，為了理想，是可以不計代價，更恐怖的是連他的她——商老師也是如此。這就像政治人物的大頭病，頭剃下去了，沒洗不可以，這兩人卻在這平淡無奇的文化事務中，處處開闢令人驚豔的花朵。

這是台灣的文化現象之一，當文化難以兌換足夠的現金，文化工作者在艱困的環境中以借貸來贖身，讓理想得以實踐，這困境亦非常恐怖。這裡面沒有誰對不起誰，完全是參與者的心甘情願，如此才能求得圓滿，即使瀕臨破產也在所不惜。台灣文化靠這種恐怖份子去衝撞，才能在火花中，擦出美麗動人的幽光。

自序

播一顆竄改世界的種子

台北市長柯文哲說：「文化資產很重要，但錢是一件麻煩的事。」二〇一七年世大運風光落幕之後，柯文哲因為「俞大維故居」的保存問題和民進黨中央政府公開對損。文化部長鄭麗君說：「文化資產不是麻煩，文資法是底線。」台北市政府則公開要求中央給錢才來談保存。這就是當今台灣首善之都對文化資產的態度。沒料到，幾天後民進黨全面執政的高雄市也無預警拆除已九十年歷史的旗山分局局長宿舍，完全無視於文化資產法針對舊建築必要審議的程序，背後可見的，仍是土地重劃的龐大經濟利益。

台灣多年來一方面高喊文化保存與產業轉型的口號，一方面卻也持續著高耗能、高污染的代工產業。「文化資產」總是被既定模式、既得利益者視為「經濟發展」的絆腳石，於是造就了「文化恐怖份子」一詞的誕生。二〇一六年「古蹟自燃」躍上台灣十大新聞之後，文化資產的保存爭議在文恐們鍥而不捨的圍攻之下，至今仍看不見平息的可能性，因為官方決策層的腦袋和文恐的腦袋都是堅硬的。

另方面，亞泥在太魯閣國家公園炸山取水泥、馬頭山水源區要蓋廢棄物處理廠、桃園藻礁生態保育區要蓋接收站……不勝枚舉的環保事件，顯示著地方永續性產業的環境資本持續被掏空。土地重劃與土地變賣成為地方與中央政權的財源與利益交換的動能。近年來，台灣各地針對文化資產的申報與抗議烽火不曾停歇，因為現實的經濟發展及其分配模式從來不將文化資產視為資產，兩者是思惟迥異的經濟邏輯，裡頭存在著革命的因子與翻轉的動能。

一九九四年，我返鄉參與橋仔頭糖廠保存運動。在這個「荒糖時代」為了保存橋仔頭糖廠，需要重新檢討國家六年重大建設「高雄新市鎮計畫」。為了進駐橋仔頭糖廠，要和史上最老牌、最頑固的國家資本體制「台灣糖業公司」打交道。一九九〇年代，「文化恐怖份子」這個詞還沒有誕生，多稱為「文史工作者」，一副老派的氣質。二〇〇二年，為了抵抗高雄捷運的不當開發路線，我在橋仔頭糖廠老樹上「搭一間樹屋」和高雄捷運對峙半年，可算是「環保流氓」的先驅之一？

二〇〇八年，專長建築與景觀規劃，同時也是我生活伴侶的商毓芳決定付租金給台糖公司，自力修復「白屋」。這個決定使我們必須站在新的思考位置，以截然不同的視野發掘文化資產的能量。當年在總統大選之前，披著綠色外表的高雄捷運開放全民免費搭乘，盲動的人潮讓老朽的台糖公司吃了一帖春藥，幾乎重現了一九四九年難民逃亡潮景象，也讓總統候選人謝長延認為可以增加不少選票。但近十年來，高雄捷運始終虧損嚴重。白屋之外，橋仔頭糖廠的百年樹林也愈來愈凋敝。沒有任何人為此結果負責，或者說沒有任何公權力機構介意這件事。而如今政府權力的運作模式依舊以土地作價奪取利益，依舊豢養著國營事業的恐龍體制。

沒有經濟，沒有文化，但是殖民經濟只有殖民文化，台灣名義上雖然已經不是殖民地，然而現今全球化，新自由主義及威權政治幽靈以更全面、更隱晦的方式意圖宰制我們的生活。我們嘗試找到屬於土地的生活節奏和生存美感，在橋仔頭糖廠、在涌翠閣播另下一顆竄改世界的種子。

自白1

行動代號：策展作為一種運動的方式

行動目標：藝術村、蓋白屋
新台灣壁畫隊、金甘蔗影展

誰在推石頭？

是詛咒還是幸福？
吳剛砍著月桂樹，
薛西佛斯推著石頭
又往山上去了……

中崎溪，那條嗚咽的河流。一六二四年鄭成功登陸台灣，有支中軍衝鋒部隊在河旁的崎地上屯田養兵，就管叫它中衝崎。傳說，「有中崎厝，也無中崎富；有中崎富，也無中崎厝。」明鄭軍隊原本就是擅於航海，在大陸東南沿海能夠叱吒風雲打倒倚仗海權興起的紅毛番，自然也善於進出口貿易。傳說中崎大戶的十三艘大商船都毀於一位婢女的七彩體毛，不信邪的大老闆將婢女的體毛一根一根拔下，就傳來一艘一艘船沉的消息。

壯闊的內陸河港早就不見蹤影，不然橋頭鄉也不叫「橋仔頭」，官方卻喚它是「典寶溪」而不是中崎溪，只有出海口附近有個看不見港的「援中港」。現今橋仔頭糖廠的對岸叫「廍後」，可以想見當年那支軍隊民營化後，靠糖賺了多少令人乍舌的金錢。一八九五年日本人來到台灣，山本悌二郎等一行人，從台北搭船南下，視察建立台灣現代化基礎的工業基地應該設在何處。山本一路從阿猴（屏東）回溯繞了大半個台灣，最後決定在橋仔頭大路墘設立日治時期第一個新式製糖廠。

陳中和是當年這座糖廠唯一的台籍股東，至今陳家在南台灣仍有舉足輕重的份量，好比打開台北城門的辜顯榮，辜家現在仍是台灣經濟奇蹟的指標。未載於史冊的一種說法是，當年陳家曾請風水先生看地理，風水先生發現橋仔頭糖廠這塊地是此地的「龍喉」寶地，上頭仍埋著無數先民的骨骸。他們相信風水先生所述，這裡是塊「萬金地」，據有此地便將擁有無數金銀。

一九〇〇年，日本人決定蓋糖廠；一九〇二年正式以新式製糖廠生產砂糖，並且將瀨南鹽場廢掉，建設了位於鹽埕區的高雄港，他們說：「糖是打狗港的生命。」一九二四年高雄市開發。聽說在兩蔣時代，政府高層要出國，都要先問問台糖總經理外匯動態如何。因為當年台灣七成以上美金是靠甘蔗來的，所以小學生演講的題目常是：「不可偷吃原料甘蔗」。

陳家從外地來此落根，子孫三代從一九〇二年二月十五日橋仔頭糖廠動工那天起，阿公陳乞是山本悌二郎的雜役，偏是山本回到日本當農業部長還忘不了那雜役煮的白米飯，收了阿爸陳水能當義子。阿爸在日本讀農業大學，大戰時被派到印尼接管糖廠。兒子陳明發原想到中油撈油水，卻又分發到糖廠「嚐甜頭」。一九九九年二月七日糖廠停止生產，提早退休，也告別了三代一世紀的製糖產業。這身世的際遇讓他，還有難以管理的資產夠傷腦筋。

橋仔頭糖廠的煙囪扼立在中崎溪咽喉上超過一世紀了，默默照見每個角落可歌可泣的先民故事。當年在地的阿公被綁在廟口要求家人拿地契贖人，阿媽雖然被硬頸的阿公吩咐帶著地契躲避去，但不忍丈夫為人威脅，還是拿地契換回人命。廠方念在老人家沒地耕種，便安插一個爐工的缺給他，卻在五十二歲那年被鍋爐的火弄瞎了雙眼。孫子戴振耀閒來便聽阿公講古，還拿著當年的賠償龍銀當玩具。一九七九年在美麗島行動中拿著一張海報：「停止剝削農民」，為此坐了三年牢，後來也當了三任立委。

但，沒什麼人在乎這些歷史了，就像糖廠裡的神社在戰後改成中山堂，大家也不介意那一對倖免於難的洗石獅子長得更像哈巴狗是什麼原因。不曉得也好，太出名反而很可能就要瞎了眼、斷了尾巴。

老人家說，當年日本人巡園看守是一個人加兩隻狗，國民政府擴編成三十個人，卻還不如一隻看門狗。以前人說：「會社煙筒攔到都好康」，現在卻說：「會社是灰灰，愈做是愈衰。」是否該分清楚是哪些情結在作祟？以前要說國語，後來也要說國語！一是平甲名、片甲名的國語，另一是假中國文化之名的國語。我還是喜歡蔗農這樣的感嘆：「兩人相約後壁溝，甘蔗打結做記號，夭壽誰人將阮套（解），害阮一人拼一溝！」

到了一九九四年，台糖還不是「除了不做糖什麼都做」的產業，卻已經開始「喪權辱國、割地賠款」。這一年，文建會開始所謂的「文化元年」，也是社區總體營造開始煽火苗想點大火的時刻，台灣在地的文化生命貼近土地的思維在增長。這才叫人明白以前去吃冰的糖廠原來是這般具有特殊性地位，也才知道我們國民政府有個偉大的夢想，要將三萬八千人的橋頭鄉蛻變成一個三十萬人口的新市鎮大都會。只是不曉得種甘蔗生產的速度比這樣的成長率勝負如何。

一九九四，台灣社區主義方興未艾，「社區總體營造」

挑起被蓋在灰燼裡的火。歸究到那一陣綿綿的細雨？我騎著破車行到「倒松仔」，彷彿受到一絲靈光啟示，回頭步入鄉公所，不經意參與了橋仔頭文史工作室的創立，並在兩年後正式立案為橋仔頭文史協會。

七年過去，二〇〇一年八月十二日，文建會一行十四人到糖廠來勘查藝術家進駐計畫。九月十五日，「興糖路一巷一號建築再利用展」前一天，我口氣堅定地邀請還來不及吃晚飯的橋仔頭文史協會林瑞泰理事長到現場看看。剛從醫院回來，帶著女兒來回張望的他不可置信地說：「真正不簡單！」「早知道當初應該去讀藝術……」我說這都是一個禮拜內完成的，包括天花板、屋頂、油漆、庭園……一旁還在做最後佈展的學生像受到無限委屈地同聲喊出：「是五天！什麼一個禮拜！」

社區總體營造

一九九四年，當時的文建會主委申學庸向立法院提出施政報告時，首度提出「社區總體營造」一詞，以「建立社區文化、凝聚社區共識、建構社區生命共同體的概念，來作為一類文化行政的新思維與政策」，主要目的是為了整合「人、文、地、景、產」五大社區發展面向而產生出來的政策性名詞。

開幕當天，麻豆總爺糖廠和台南縣文化局一行五、六人也一同前來參觀，他們積極地想邀請長期關注糖廠規劃研究，任職於高苑建築系的吳旭峰協助當年度兩千多萬元預算的藝文中心規劃計畫。

各自擺脫訪客包圍後，吳旭峰對我說：「你看人家台南可是正規軍。」「是啊，我們本來就是義和團，像劉永福的大刀隊，專門搞游擊、暗殺的。」見我比喻得促狹又高亢，吳旭峰正商榷著兩個糖廠該是競爭還是合作，我緊接著說：「我們要是能成功，那才叫台灣奇蹟！」

興糖路一巷一號以嶄新的面貌和大家見面了，許多人將夢想的種子撒在這裡；台灣第一批試辦藝術家進駐計畫也通過了，雖然經費少得可憐。

有石頭可以推，也許是另一種憑恃的幸福。

但，石頭終究還是會掉下去的！誰曉得今日能撐著不是一種幸福？

橋仔頭糖廠

文資種類：工業地景

創建年代：一九〇一年

建築材料：磚造、木構造建築為主

建築風格：橋仔頭糖廠行政中心為陽台殖民樣式，是台灣接受外來建築文化重要的指標，而廠房部分仍保存日治時期工廠遺跡，是日治初期引用鋼鐵建築技術的先驅，其餘如社區宿舍、公園、貯水塔、觀音像等整體產業設施形制保存良好。

登錄理由：特殊價值

1 可呈現長時間人類與自然和諧互動的明證，並且仍保有完整性。

2 具有獨特的或傳統的土地利用型態。

3 具有獨特的傳統社會機構組織，如當地習俗、生活方式、宗教信仰等。

4 具有提供環境服務的價值（例如水土保持、水源涵養和集水區保護等）。

5 能夠提供與地方社區生活方式和經濟活動相協調的公眾娛樂和旅遊機會。

6 適合學術研究。

7 具教育的重要性。

藝術村夢

二〇〇一年八月十一日，在日本瀨戶內海的鑽石號上。經過瀨戶大橋後，旅途的興奮正在緩緩沉澱，面對有點狹小的船艙，準備天明航抵大分縣，以展開另一個參訪行程。這八天七夜的「糖業文化與社區營造之旅」讓我們一行人收獲頗多，特別是跳離了繁瑣糾葛的工作，難得讓腦筋得以停止高速旋轉。突然間，導遊阿義仔來敲艙門，「阿英仔要找你。」臉上還刻意露出曖昧猥狹的神情，我滿頭霧水。「誰是阿英仔？」台灣的手機和日本是不能漫遊的，是什麼天大的事非要透過導遊聯絡我？

一會兒電話接通後，才曉得是高雄文化局的張月英課長。原來是為了幾天後藝術村審查委員要南下勘查，急急透過旅行社找到導遊電話，只為和我再確認未來藝術村發展的想法和當天簡報的重點。我以為我已經講了千百次了，且這事從來不是個人的事，也不是我能完全作主，台糖公司和文化局的想法才是關鍵，何況我們也已經安排好出席的藝術家和協會理事代表民間團體的想法。「但是計畫是你提的啊！」阿英仔仍有千百個不放心。掛完電話，阿義仔臉上的神情像在擔心我是不是忘記給人家贍養費。

很多人好奇為什麼我們要做藝術村。雖然多數人覺得橋仔頭糖廠的空間條件很適合發展藝術村，但是要怎麼操作呢？要提「試辦藝術家進駐補助計畫」之時，張月英課長有鑑於「閒置空間再利用」的法令與經費分配問題紛擾難斷，神經更加敏感。但見我義正辭嚴地要求提案，且覺得職責所在必當全力以赴。這使我們陷入理想的苦悶。誰能說要求將肩章調正，將扣環擦亮有錯呢？

我們在格式化的計畫書中為這個試辦工作列了幾個目的，就當是夢吧！雖然它條理分明且願景明確，但是在情緒和現實之間顯得有點過份浪漫。

「藝術村怎麼可以沒有停車場呢？」

「台糖怎麼可能答應在那裡做停車場呢！」

「文建會怎麼可能補助蓋停車場呢！」

「但是沒有停車場怎麼可以呢？」

這關於停車場設置問題，其實是張課長的自問自答。至於高雄縣政府的配合款在哪裡、國營事業的土地租借方式、國營事業接受公部門補助的正當性、藝術家進駐空間的規劃和設備所需、要不要有展覽場所、要不要設公共廁所、藝術品將來要擺放在哪裡、要找哪一類的藝術家、要不要限定本縣的藝術家優先、需要多少行政人員和辦公空間……也全都是問題。

我有點失去耐心：「要不要提啊？」

「要提可以啊，只是這些問題要解決啊！」

「妳的意思就是不要提囉？」

「你要提，就要想方法啊！」

「這些問題我沒有辦法，但是我覺得要提。」

「沒有辦法怎麼提啊！」

「不提還有其他辦法嗎？」

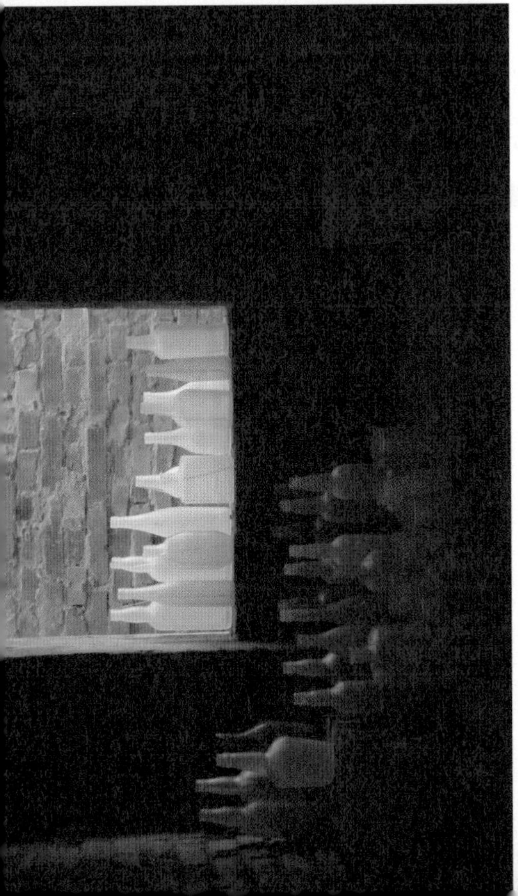

二〇〇一年十二月三十日，「橋仔頭糖廠藝術村」透過一場公開而熱鬧的記者會正式成立。為了這場各方矚目的「揭幕」儀式，文化局要求設計一塊可供揭幕的木匾和開幕節目，不過這可不在不足百萬的預算項目裡！總之官方有理，小老百姓的我們只得求助於湛黑書藝會，多虧黃連財大哥幫忙，商請邱明星老師揮毫。前一天晚間約定在鳳橋宮前的義雄雕刻社，邱老師雖然行程匆忙，仍氣定神閒地在木匾上寫下「橋仔頭糖廠藝術村」。完筆後邱老師問是否落款，我以為難得名家墨寶，自是要落款才算得體與尊重，於是邱老師游刃有餘地落款用印，並向雕刻師交待字體顏色及刻工細節，隨即將筆墨從容地隨身收納，且堅持不收費用，只說大家一起為文化盡些心力，即刻趕赴另一場邀約。

揭幕當天一早，當我觀賞著邱老師為藝術村的題字正得意著，沒料到張月英課長見著後，不但沒有讚嘆聲，卻是一連驚叫，近乎歇斯底里地要求我重新去刻一個。原因是，題字人的名字應該是楊秋興縣長而不是邱明星老師。這樣的論點實在很難說服我，於是她只得要求其他工作人員到雕刻店重做一個，並且要求在下午一點前交貨。這下也將雕刻店老闆惹得光火，說這是不可能的任務。沒想到這塊木匾居然還真趕在楊縣長揭幕前掛上去了，只是披蓋其上的紅布沾染了一些未乾的漆色。

揭幕之際，臨時釘在老舊水泥牆上的鋼釘微微抖了一下，幸虧在眾人的歡呼聲中穩住了。此時台糖工程課蔡豐源課長挪了位置跑來跟我說：「為什麼沒有我們台糖董事長的名字？」

「藝術」像是氣體，可以自由流動也可以變幻形態，可以無臭無味也可以充滿色彩和香氣；「村」就像是一個瓶子，不論形狀為何，想像裡總是個固體，不論或大或小總該有個相關組織章程和管理思維。「藝術」很難定義，「村」卻容易想像，但是任何一個瓶子裝了空氣，並不代表瓶子裡的才叫做空氣；一個地方既然叫做藝術村，就很難怪罪旁人來到這個有限的空間尋找藝術的無限想像。

老舊的糖廠裡有一股微微的興奮在鼓動著，每一個細小的噪動都試圖瓦解那早已銹蝕的龐大機器，沉悶的行

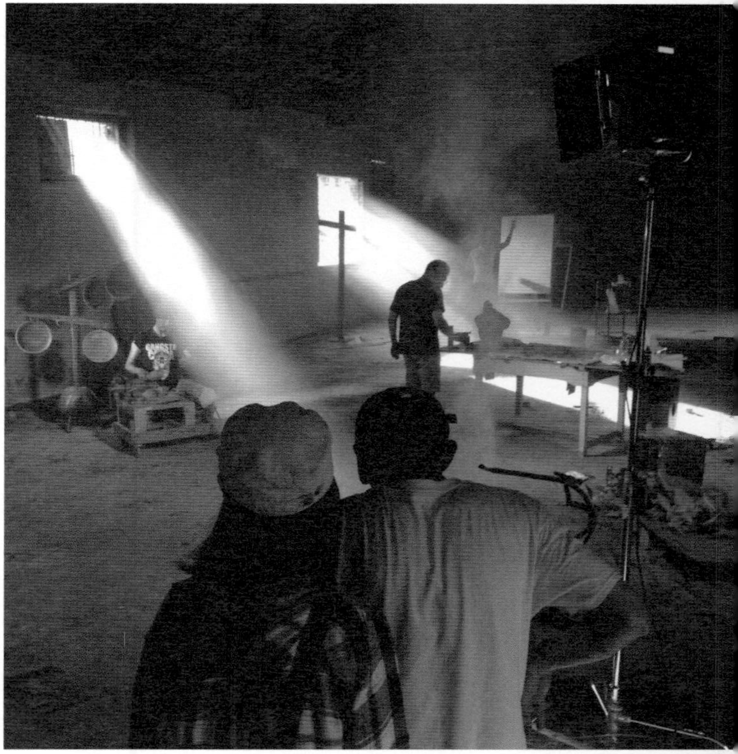

政工作和著內心的澎湃滘吞地翻攪著。「藝術村」彷彿是天外飛來的新鮮事，懂或不懂的，嘗試要定義或解釋的，等著看好戲或期待人遭殃的。總之，鄉裡頭來了新鮮事，橋仔頭糖廠是橋頭鄉的一部分，還是糖廠只是糖廠他們的，彼此都觀望著。

其實早在一九四七年，橋仔頭糖廠也曾經設立「興糖村」，直到二〇〇一年，卻因人口數不足而遭鄉民代表會決議廢村。「興糖村」是國民政府接收日治時期的製糖事業，仍不改其民族情緒的記號，「藝術村」相

對於民族大義的國家經濟，耳聞起來頗為浪漫不切實際，既是台灣近代製糖產業榮景的熄燈號，也對應著在地產業發展與空間維護利用的處境。許多人急於分辨「藝術村」的具體位置和看見「藝術家」的模樣，於是我們利用宿舍區入口那已失去功能的大門搭了一個鐵架，關於「藝術村」三個大字，則藉平日交誼之情，央請在仕隆路口賣香腸大腸的素人藝術家蔣正德幫忙。由於台糖公司的朋友三番兩次提醒不可以沒有他們董事長的名字，深恐某天董事長南下巡視覺得錯愕，便請刻字工廠多加了幾個字。很可惜，當我們的工作人員心不甘情不願地將「台糖公司董事長錢秉才題」幾個字有些歪斜地貼上去之後，董事長位置就換人了。

一九〇一年是橋仔頭糖廠正式製糖的第一年，也可視為台灣新式製糖產業的第一年，我們附會地將藝術村的成立和一連串的文化思索，對照時空中世紀的光景，將二〇〇一年名為「文化廊動元年」，還吊書袋套用諧音下了一個標題，「興糖演藝」。

我們賦予藝術村無限想像和理想，放到現實的執行層次卻經常不堪回首。總之，一群人傻不隆咚就這麼給它咬牙撐過去了。整修後的興糖路一巷一號，原本高過人頭的草叢和垃圾消失，之後即陸續有人好奇地踏進這塊房舍，甚至連台糖管理課也帶著人進來參觀。有一回，台糖管理課林股長一身優雅妝扮，領著客人遠遠地從三巷喚我過去，有點抱怨地說，這些地方打掃實在不夠用心……這讓我有點時空錯亂的迷惘。這些原來被管理課管理多年而棄置的荒蕪場所，現在居然反過來氣定神閒地嫌棄志工們打掃得不夠用心！由於學校沒有教過對一個中年婦女動粗應該從哪裡下手較好，害我忿到一口氣悶著往回走。

由於時間上的湊巧，橋仔頭糖廠藝術村很輕易地就跨過一個年度邁入第二年。興糖路三巷的房舍還有不少未清除的零落磚瓦，因經費短少而施作隨便的整修工程僅勉強撐起門面，前庭後院尚留著不少草叢石縫裡掙出天來的構樹和血桐。進駐藝術家們成為整修房舍的第二期工程人員。

最認真執行整修第二期工程的，是住在三巷二號的「外籍勞工」：來自美國德州的 Chad、法國巴西混血兒 Kami，以及瑞士籍猶太裔 Yasmine 與法籍義大利裔的 Maxime。將他們四人安排在同一房舍，說來有些擁

擠，「藝術村」所能提供的資源也相當貧乏。於是，他們到廣達十公頃的半頽宿舍區採集，拼揍出一些必要的傢俱，包括一台音階不全的風琴和只能當擺設的老式收音機，還有一張充滿時尚風格的新婚雙人床，從它褪色的表面材質看來，應該是十來年前的流行樣式。三巷二號室內塗裝成鮮亮橘子色，是他們親自調配的顏色，戶外還有個工作台。Chad 這個德州小子頗有牛仔拓荒的傳統精神，見他們每天振奮地工作，真覺得這處遭到棄置的宿舍區就像一座充滿無限驚奇的資源回收站。

三巷三號門前有一棵高過屋頂的構樹和兩棵正在不斷長大的血桐。一九八七年海峽兩岸開放探親，原來住在三巷三號的林老師一家連夜收拾細軟奔回大陸去了。屋內陳設幾乎沒有動過，甚至連衣物也沒全帶走，冷氣和電視機都還在，冰箱裡也還有一些物品，地板散落一些挑撿剩的衣物，抽屜裡留著黑白家居照片，書櫃裡大多是積著好些灰塵的聖歌讀本，牆上掛著黃漬斑駁的中英文對照「麥克阿瑟將軍為子祈禱文」。甚至在一只樸素的木櫃子裡，發現了一張「動員勘亂時期臨時通行證」。

第一次開門，得請山貓協助推開樹叢，這群血桐和構樹最年長的，都快成年了。門庭整理後，引來不少拾荒者和挑選文物的雅客，有人甚至開來吉普車，連傢俱也帶走了。塵封的記憶一下子便被開封清空，只留下那張中英對照的為子祈禱文。布農族藝術家 E-bu（孫瑞玉）將房間塗滿五彩張揚的圖騰，一股原生不羈的活力像是窗外枝繁葉茂的構樹和血桐，藝術家連時維則在四周的毛玻璃上，細緻小心地用鉛筆漸次畫上每天在糖廠漫步的心情植物。

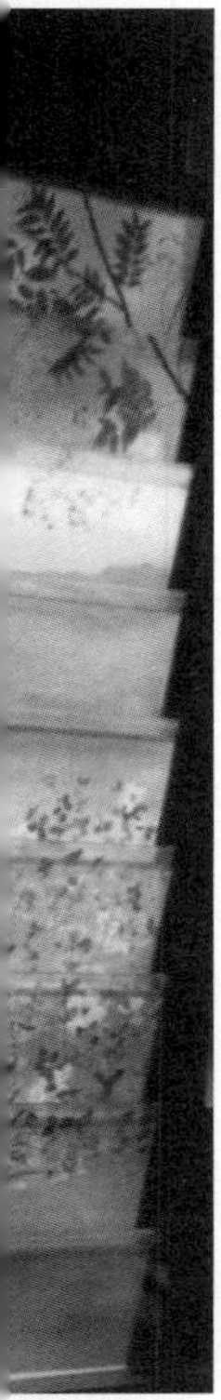

由於被前方的香蕉樹叢擋住視線，三巷四號感覺比三號還僻遠許多。第一階段負責修繕的包商經過兩回驗收不成，即不願將半破的屋頂進行翻修，大概是工程成本太高，好說歹說，只多釘了幾塊美麗板以掩飾腐蝕的屋樑，而屋頂始終塌陷著。進駐藝術家劉寅生將裡裡外外全變得淨白一片，宛如在棄置的長廊底發現一座純潔的童話世界。另一位藝術家蔡長青則在最接近縱貫線鐵道，較為晦暗的西側工作，正好與他擅長使用螢光劑材料的創作方式相契合。

看著一群鮮活有趣的年輕藝術家跑到橋仔頭糖廠來，

社區居民發起搶救藝術家大作戰。不久，鍋爐、烤箱、電視、洗衣機、刀叉碗筷全都到齊，還有二十幾輛腳踏車要讓藝術家代步。串門婚紗攝影師林育如決定到南藝大讀研究所，聽聞藝術村空空如也，樂得將串門婚紗任何堪用的物品捐贈給藝術村。一群人由藝術村總監張惠蘭領軍，興奮地借來貨車，浩浩蕩蕩往新田路出發。張惠蘭出錢買下整批婚紗禮服，我們則合力將一座無法進電梯的特大號沙發搬回鄭德慶家裡，聊表心意。這些妝扮新人的各式婚紗和髮飾，後來也讓橋仔頭糖廠藝術村第一次的街頭遊行充滿了驚奇色彩。

藝術村

「藝術村」一詞，源自於「Artist-in-Residence」（藝術家進駐），但包括 Artist Community、Art Colony、Art Farm 等，也都屬於藝術村範疇裡。美國藝術村聯盟（AAC）對藝術村的定義是：「專門運作的組織，為藝術家的創作、研究提供時間、空間和支持，讓藝術家進入一個充滿鼓勵和友誼的環境。」歐洲 Res Artist 對藝術村的定義則為：「一個特別為藝術家創作所成立的組織，而且必須是獨立運作的單位體。」無論定義如何，除了必須有獨立運作的組織與完整的藝術家徵選機制、駐村計畫外，藝術村必須兼顧藝術家的創作功能與藝術教育推廣功能，並且要能與駐在地的社區互動、定期推出創作展演、工作室開放等功能。

搭一間樹屋

二〇〇二年九月二十四日清晨，驅車前往屏東萬丹。在大馬路旁隔著一片泥土地的小馬路旁，許多從各地遠到的朋友來和李國銘告別。大馬路看起來很有交通效率，連接通往大寮的現代化高架快速道路讓告別式場前的小柏油路顯得永遠追隨不上似的閒散和破落。沒有加蓋的小溝渠裡細水流淌著，加蓋的三樓透天厝貼著與舊有洗石子不搭襯的亮面磁磚，一棵檳榔樹在透天厝與殘破的紅磚結構之間聳立著青綠顏色；泥土地上有不少廢棄物，以及前一夜雨後來不及乾涸的水漥，以散落小碎石和奇異高低差與柏油路面連結著，中央則佇立著一棵看來被修剪得過份卻又活得茂盛的刺桐樹。我不耐久站地倚著略帶傾斜的電報柱躲在透天厝涼蔭下，樂隊奏著緩慢哀傷的台灣歌謠，朋友們魚貫地和這位遠赴法國深造後返鄉致力於社區工作的學者告別……天空很藍，風裡帶著陽光的溫度，眼前所見，有點親切有點失序，「這就是故鄉」，我心裡想。

這一年端午節，我在協會後方的水池旁抽第一根希望自己清醒的煙。上午九點多，樟樹旁水池裡的睡蓮正盛放著，自由時報記者好友王榮祥來電說，同事小蘇前一夜在車禍中喪生了。我覺得這是個詭異的玩笑，前幾天我們才一起拿著捲尺證明那棵和高雄捷運相沖的大樟樹的確是四米一胸徑。我趕到殯儀館，看見小蘇的妻子素雯堅毅的表情，狠狠賞兩個巴掌給那位酒醉肇事的年輕人，然而，沒有什麼能夠挽回的，所有的人和場景僵在剎那的片刻，承受著等待。

辦公室外空地是狗兒挖洞遊戲的場所，撒了幾回草籽總是長得不好。不曉得狗兒們為何偏愛在這塊泥土地上攢，又沒有骨頭好藏，三番兩次總是趕不跑。為了避免牠們以泥巴擋住出入口，我索性將門旁的花圃植上刺刺的仙人掌，然而辛苦照料的草籽還是錯過了在雨季生長的時機。我提議將另一片成長得較好的草皮移植過來，以免老是遭到無辜的破壞，因為我們這群小狗老是白天睡覺，再趁著夜晚舉行各種肆無忌憚的原始遊戲。阿母決定再試一回，因為那些已經長得茂密的成草和部分倖存的小草顯得不太搭調。我有點悲觀，怕是僅存的種子也被好奇與貪婪扒走……

看夠了電腦，到戶外蹲下抽煙，順道看看那稀疏冒出的新綠，若是有不長眼的狗兒還在那裡流連，便抓起竹竿下一頓馬威……。在這座閒置宿舍改裝的辦公室上班，很多人覺得我們應該很幸福。經過一個芒果如雨下的季節和每天掃不盡掉落龍眼的日子，能夠穿涼鞋坐地板翹高腳抽著煙上班，自然算不太錯，但是我懷疑，經過一年多的打滾將這地方「閒置空間再利用」到底算得了什麼？動員社區大批人力清掃，經過一群人激烈口角爭辯，每個藝術家互別苗頭裝置的防空洞，如今成為午後女人與恩客約會的地方；他們大方借走桌椅，還拆解作品材料將防空洞隔間，一間是廁所，一間是休息室；年中，一位中年男子在蔓草叢生的木造宿舍裡懸樑，一位拾荒者刻意闖入，爆發出這個安靜又充滿吶喊的場景。兩造極度凸顯「閒置空間再利用」的多樣性，令人覺得等待草籽生長的情懷顯得過份夢幻，既不激情浪漫又不夠堅定決絕。

關於藝術村第三期如何繼續，有許多人都操心著。關於土地租用問題，台糖總是要呈報總公司核備；關於來年國際劇場藝術節要如何舉行，每個人都有不同想法；

關於糖業文化園區規畫案如何突破，好像各單位都有難處；關於城鄉新風貌的提案有希望卻沒有一點把握，關於地方文化館的輔導團要不要做還讓人一直猶豫著，關於鄉公所想要將椰子樹砍除種上新樹我好像有點麻木，關於協會的發展定位似乎充滿希望卻令我有些糊塗……

午後坐在興糖路三巷一號的座位上，望著電腦耍白癡，不知道該回覆那些無聊的問卷還是先寫答應人家的企畫案，應該先將環境實錄的文字趕完還是幫忙校對歷史建築登錄的文字資料，或者先想一下社區通訊下一期的主題是什麼，還是完成接下來幾個研習營的講義，甚至可以期待什麼新奇好玩的新鮮事會在未來發生……打開收件匣，竟然沒有令人興奮的轉貼笑話或色情圖片。

工作夥伴駱駝畢恭畢敬地走進來說有人要找執行長。我實在受夠了那些不用功學生老來問一些陳腔濫調的問題：「為什麼你們不把這裡再整理得好一點？」你們來掃啊！「為什麼你們這裡不蓋停車場？」老子有錢想去蓋別墅！「這裡好難找喔，為什麼你們都不做路標？」這地方要是我的我送給你！「請問你們有沒有捲尺，老師叫我們測繪這間房屋。」我有衛生紙，你們要大便嗎！「我們只是要做報告而已，不想用買的，這本書可以借我影印嗎？」我給你們電子檔吧……

心想難不成又是白目學生？駱駝很慎重地說：「看起來像是老師級的！」原來是高雄捷運公司發包要來做站體細部設計的工程公司，他們想索取有關橋仔頭糖廠基本資料，以便能夠將在地特色融入站體設計。

「為什麼現在才想瞭解？」

「我們之前還沒得標啊！」

「我有義務提供給你們嗎」我心裡想著，臉色很屎。每次要求捷運公司開會，總是來了一大票人，每次問他們有沒有意見，總是「我們層級太低，沒有辦法決定。」不是決議說好細部設計發包前要有個公聽會讓大家一起商量嗎？每次面對面總是客套得很，結果樹還不是要砍

掉，防空洞還不是要拆除，站體設計還不是一樣就發包了。說到公共藝術，就拿什麼國際級藝術家來擺高姿態，以為我們沒見過什麼 international！這裡的人可是有藝術碩士文憑的，橋仔頭雖然是鄉下地方，到處也是各國外勞！算了，好歹這番來訪的這兩人頂識相，看到相關書籍便客氣說：「這個太好了，應該買來參考！」而且立刻做出掏錢動作，不像某些台糖人士每個月坐領高薪，拿起書翻來翻去捨不得放，就是要等著人家送。想要買幾本做公關，還要套交情。自己出價就算數。

我佯裝有事要忙，回到三巷一號的電腦前點一根煙。窗外有不少興糖國小的學生，有人在逗藝術村裡賴得理人的小狗，有人蹲在水池旁，一手拿著鋁鉑包飲料，一

手指著水中的花朵或某種生物透露著無慮的天真。隔著綠色紗窗，覺得自己像是對不到焦聚的局外人。

學校開學了，對於這學期要如何上課，我一點也沒有心理準備。藝術村期末展就剩幾天了，關於縣長蒞臨要準備一些有創意的節目，我一點也提不起勁。電腦螢幕只有幾封病毒信件被防毒軟體偵測到要求隔離，我起身走到被捷運公司決定遷移的大樹旁，決定爬到樹上住一陣子。不知道樹屋蓋起來會是什麼模樣，不知道我能夠在上面住幾天。我想在樹前為自己立一塊墓誌銘，但不知道該寫些什麼好……。

烽火巨輪下的螳螂漫舞

真不曉得將自己比喻為螳螂會不會太瞧不起牠？我們的生活一直被時代潮流沖推著前進，好像永遠無法停駐下來實現夢想，甚或認真地學兩招螳螂拳。夢想很簡單，只消憋口氣，臉一沉，就從潮流裡逃出來了，混身濕淋淋的……

二〇〇一年底發現的這兩棵大樹，夠大，得三、四個人才環抱得起來。大樹前是一片自然醃漬的楊桃樹林，鋪著陳年回饋給土地的果實。楊桃樹林中央有一座磚砌的拱型防空洞，不知哪位拾荒阿婆在裡頭堆滿了各式玻璃瓶，從玻璃瓶的式樣和黑松沙士典雅的商標，嗅得出它們有好多年紀。原來這裡是日治時代的公共浴場，大樹南側還保留著當年的水道，西側有縱貫線火車隨時呼嘯而過，東側則是終戰後糖廠單身宿舍，如今培育著構樹和血桐為主的原生植物。

橋仔頭文史協會的老前輩森溪桑坐在樹屋納涼，想起一段蔓於塵煙的愛情故事。當年他父親是台糖公司德高望重的原料委員，受男方家長之託要勸解這段姻緣。原來當年女主角的丈夫受日軍徵召死於南洋，帶著兩名稚子為人推介到單身宿舍擔任舍監，未料與一名年輕十歲的小伙子併出愛情火花。兩人為了避免閒語，經常在日光消翳後才到樹下談心。男主角最後放棄了家業和優渥的台糖職務，帶著婦人和兩名稚子一同北上生活。現在兩個人依然在一起，偶爾還會回來探望朋友。森溪桑說，看見這兩棵樹，就好像看見他們兩個人相偎在一起。

幾棵老樹重不重要，關乎人類以怎樣的尺度來看待她們。有人說綠化程度代表一個國家的文明程度，若以此為標準，可以想見我們這塊土地的文明。橋仔頭糖廠裡有近百棵珍貴老樹，除了原生的樟樹、茄苳、紅淡比……更多的是外來植物：毛柿、蘋婆、香水樹、鳳凰木、鐵刀木、雨豆樹、錫蘭橄欖……甚至連台灣紅檜都有，唯一被列入珍貴老樹保護的，卻是最常見的兩棵榕樹，或許他們期待有天榕樹公能夠開出樂透彩。

為什麼橋仔頭糖廠有怎麼多老樹？因為一九〇一年日本人在這裡設立第一座新式製糖廠，這不但是台灣現代工業化的濫觴，同時也是殖民政府引進外來樹種的重要據點。多年來，橋仔頭文史協會在糖廠紀錄了八十幾種鳥類生態與四百多種植物。為什麼只有榕樹被列為珍貴老樹？唉！別把我考倒了，這是一個複雜的政治問題，我怎麼會知道那些豬頭腦袋裝什麼呢？一九九四年高雄新市鎮計畫將這裡規劃為商業中心，他們沒看到樹？天曉得！總之，環境影響評估還是通過了，證明事實與雄辯還是戰勝不了政策的無知與政治的無賴。在樹腰上搭一間竹屋，一幅南國的适適與鄉間悠閒，其實只是夢的吶喊與徬徨。

大年初二，拗不過遠從台北來的朋友想要爬上樹屋。但門一打開，便關不住來自各方的好奇。每個人看到樹屋，都忍不住驚喜而顯露童真，但是我很難向所有的人解釋，這樹屋的身世是註定如何地短暫，以及，我們所

訴求的公共議題可能會激烈到嚇跑善良百姓的一個抗爭本質。傍晚，蚊子從草叢裡出來放風，絡繹不絕的陌生人潮逐漸散去。朋友問我感受如何，我猶豫著。斜陽從茂盛的枝葉裡曬入金光，也灌著和風，我說，不是每個人都擁有一間樹屋吧。一副驕傲又豁然的口吻，只是藏不住詠嘆的口氣。

鎖上樹屋，走在楊桃樹林，回頭看見樹屋上書法家邱明星老師提的對聯：「樹高足躍一山虎」「屋闊能容千丈龍」。比起唐代劉禹錫的陋室，我覺得這間樹屋也挺了不起的，往來不拘白丁鴻儒，談笑老弱婦孺皆宜。樹屋建成不幾個月，收到來自各地朋友的關心和支持。雖然這樣的相濡以沫是建構在一個悲觀情緒，然一場夢畢

竟是實現了。當夜半領著朋友在月光下看見樹屋，朋友說他感動得哭了；孩子們擺出各種姿勢猴急著要在樹上留影，有個神秘阿公經常偷溜到樹上沉思，學生掛上各式竹風鈴要求別移老樹……即便這是一個悲觀的年代，對於眾人對老樹的依戀，我還該奢求些什麼呢？

高雄捷運原是配合高雄新市鎮計畫的交通建設，如今新市鎮失敗，高雄捷運卻在政黨輪替後核定興建。如今目的（新市鎮計畫）消失了，工具（高雄捷運）一千八百億的預算卻成了新的目的。目前新市鎮所有道路系統已經取消，橋仔頭糖廠劃為古蹟保存區，高雄捷運除了十二米寬的路權外什麼也沒有，卻要在沒有任何聯外道路的古蹟區周邊蓋三個站體，十三米高架橋要從糖廠西側切過。質疑他們破壞古蹟，他們說是要創造城鄉新風貌；質疑他們違背區域發展趨勢，他們說這是導向式開發。我很懷疑，為何不乾脆將捷運蓋在阿里山，可以避免又發生翻車事故，搭乘的人也會多些。

近一年，透過各種管道，希望有關單位重新評估捷運路線與區域發展，全成泡影。每回看見高雄捷運局對於政策謬誤的辯護窘態便覺得好笑，對於他們一再強調社區參與、一定會做模型讓大家瞭解，卻一再言而無信便覺得不恥。唐詩人駱賓王寫過義正辭嚴的「討武曌檄」，但是舉兵猶敗。我們能幹嘛？我們只是見姑嫂將溺，不顧禮義出手欲援，明知救不成，仍要滿足一下自己的側隱之心罷了。

四月四日在相關單位協商之前，高雄捷運局強欲砍除樹屋。當天有上百名朋友前來聲援，就像螳螂猛然躍起，給龐大怪獸一個震懾。但即便嚇退怪獸一步，結局卻不會太難猜測。五月八日，樹屋還是被拆解了，只有鮮豔的五色旗在樹上飄著。當天有感，如此寫著：

別追問我的感受是什麼
或者有沒有發表嚴正聲明
或者為何不搞抗爭就讓他們如此拆了……

其實我看到那些工人喝維士比而不是喝下午茶
就給他有點莫名其妙的親切感
他們只是「賺呷人」罷了

至於那些沒種沒擔當的決策人員
甚至連一滴汗滲入土地裡的感受是什麼都不知道
我不曉得為何還要浪費力氣跟他們溝通

今天有風
天空很藍

再不幾年
我們就可以領受到高雄捷運荒謬規劃帶來的苦果
我們是喜鵲，不是烏鴉
因為我們長得美些，叫聲同屬鴉科不悅耳
飛起來的姿態與顏色也好看多了……

關於這種政府能不能用
算了
從祖父輩在談論國民黨到現在幹譙聲還是一樣鏗鏘有力
SARS
SARS 只是台灣政治低能的一個現象罷了
我們要承受的苦難，還正盛開著花等著要結果呢！

一間樹屋被拆
它的象徵顯得多麼地微弱
又
哀悼的旋律，在今天的晴朗天氣裡吟唱
陽光正烈
風擾動油亮的樹葉一波又一波
只是自然

蓋白屋

橋仔頭糖廠距離高雄市區很近，卻又很遙遠。很近，因為從二〇〇八年開始，高雄捷運就直接開到這裡；很遙遠，是每當太陽下山後，白屋就悄悄向東方的山群靠攏，西側連結繁華城市的高架捷運車廂帶著鬼魅之光從空中掠過，好像龍貓公車在夜裡的森林中穿梭。

二〇一〇年十一月二十日至十二月五日，來自全台灣六十位藝術家在「新台灣壁畫隊」（簡稱「新台壁」）召號下，來到這裡集體創作：「蓋白屋」。這個藝術行動很簡單，也充滿樂趣，它的樂趣來自於沒有包袱，因為沒有任何官方的補助政策干擾，也沒有任何商業的具體預期和計算。但這並不代表我們排拒官方資源和反對商業市場，而是表示我們更在意藝術創作的本質和行動的初衷。

蓋白屋期間，每到晚上九點多，大夥開始會問是不是很晚了？因為從太陽灑落金光餘暉，眾人聚在大樟樹下

吃飽後，已經歡樂了好一陣子，體力的產出也逐漸和緩下來。按照平日夜間娛樂長度，該是要靠近子夜的感覺。「什麼，才九點！」「為什麼每次到這時候都感覺夜很深了？」於是有人點菸，有人走來勸酒，有人去換了音樂，或拿起二胡彈唱起來。這般夜的第二回合會讓人忘了時間，直到有人緩緩不支蹭去床鋪，或坐在鞦千上沉思。如此漸次聚散，偶有一段即興的唸歌或舞蹈，若是哪夜喬來樂團，那一夜肯定會到太陽又從東方上山，將這白屋推向西邊，而西邊城裡的人陸續走來，這群和祖靈共處一夜的各界朋友才一個個緩步交錯睡了或醒了。約莫正中午的太陽從大樟樹枝葉灑下刺眼的綠光，所有人才會一併甦醒在正午的餐桌上。

白屋

白屋原址為一九〇一年創建之橋仔頭糖廠日式招待所。

二〇一二年，白屋藝術村正式成為環境教育場所，也是台灣唯一以「藝術與生態」通過環保署環境教育場所認證的場域。

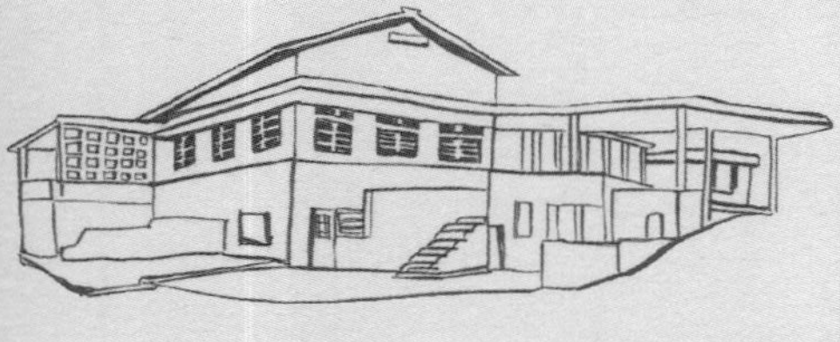

「新台灣壁畫隊」的概念肇始於高雄魚翅羹。這是前高雄美術館館長李俊賢集客飲酒論藝的場所，因而結合不少青壯藝術家自成「魚刺客」，儼然成為南台灣最具有論述批判能量的酒桌。時值畫家李俊陽到高苑藝術中心舉辦個展，兩人一拍即合，想要組一個壁畫隊，而這個奇想遇到白屋，就更成為一項具體而奔放的計畫。當時白屋正在執行二〇一〇年駐村計畫「蓋白屋」，同時延續多年的青年工班培訓，也正在設計如何透過原生建築概念蓋一間茶室。此外，於二〇〇九年創辦的「四十八小時藝術認證」，此刻正要思索年度議題，於是，一夥人很快便決定要蓋（建造）一間白屋，而不止是蓋（論述）一間白屋。

當眾人真的將白屋蓋好時，頓時發覺，我們擁有在這塊土地上無比的生存能力！很多人憂心我們在白屋的投資有去無回，尤其當借錢的數字不斷超越並突破我們的想像，但我們總以為花錢在保存與創造這塊土地更美好的未來，永遠是值得的；有人提醒我們，當財團或台糖看好這塊商業利益後，我們可能就沒有立足之地了；白屋這群人只是被文化理想綁架的人，這裡整理得如此美好，極可能只會成為未來商業發展的肥料罷了。那又如何？至少我們曾經相信的美好與努力生活的每一刻不是很真實嗎？特別是白屋蓋好之後，我們覺得它將永遠存在，無關乎藝術史或建築史，而是我們真實生命血液裡的溫度與自信。

二〇一〇年十二月十一日，「蓋白屋」落成開幕，從台灣各地前來的藝術家群聚在一起，從下午三點狂歡到半夜三點——這不是誇張語法，而是保守估計。李俊陽在白屋當了近一個月的「妙（廟）工」，他說，感覺每年這樣做一次，一年都可以不用工作了，因為每天的創作氛圍和趴體都太精采，不是高潮不斷可以形容的。李俊賢則說，南台灣至少已經十幾年沒有這種盛況；他更直言，南台灣沒有藝術市場，他的畫作在高雄賣得最不好，之所以留在南台灣，就是因為人的熱情與直爽，以及人與土地親近的溫度。

就在蓋白屋落成典禮當天，白屋的南島南平台正忙著佈置隔日即將舉行的婚禮，有對新人在一年前便選擇在這裡完成終身大事，很幸慶這一年來他們倆沒有變卦。當日頭上升至頂，婚宴的籌備人員將白屋妝點得華麗莊嚴，「妙工」等人猶如戲散後悄然退場，彷彿有一陣煙，彷彿是一場夢。

這裡除了適合工作，似乎更適合戀愛生小孩，這一年便有四位白屋寶寶誕生，若是連往來的藝術家也算進去，新生兒就突破十個，完全感覺不出台灣出生率極低。這約莫也是一個台灣兩個世界的寫照之一。我們依然對這塊土地充滿信心，以致於不理會景氣的低迷，仍對未來充滿期待。

開幕當天午後，湧進白屋的人潮絡繹不絕。在祭祀、剪采儀式告一段落之後，廉邦合唱團與鼓手有哲熱身暖場，緊接著達卡鬧與妙工俊陽聯袂上場，酒神的盛宴正式開展在午後金黃的光輝之下。來自各方的藝術家像被祖靈召喚似的，眾神狂歡，直到天明之前陸續酩酊而眠。夜裡的酒神們杯盤狼藉，我那勤奮的母親蔣媽在第一道曙光裡拿著掃帚迎接太陽神的到來。眾仙退場，人間上演。一群郭哲雄董事長邀請的貴賓，因為記錯日期趕來

參加開幕儀式，在蓋白屋懸著「金玉滿堂」的壁畫大廳裡用餐，看起來更像是場溫馨的家族大聚會。

近晚，前一日醉酒而被扶回休息的柯淑卿氣定神閒地走到我的火爐邊，笑談昨夜情境，嘴角泛著笑意。耳邊，婚禮的樂音響起，柯決定回去探望母親。我，就著火光，正在思考著一篇如何談述橋仔頭文史協會到白屋，以及我們未來的想像的文章。同時因為台糖要拆除興糖路十五巷的木造宿舍，散佈各地的青年們在網路上串聯因應對策。以及，新台灣壁畫隊蓋白屋完成後，朋友開始煩惱起這價值不菲的藝術品的保全問題。而這段期間我似乎已答應超出能負荷的展覽量與駐村人數，眾人揚言要前進威尼斯與 Art Basel 的意氣風發也言猶在耳。

夜裡，不勝酒力，就在辦公室睡著了。第二天清晨時分，睜開眼，抬頭仰望白屋，彷若一座聖殿，彷若一艘方舟。希望的方舟。

新台灣壁畫隊

台灣歷時最久、最大規模的藝術計畫，是一座現地創作的行動美術館。

二〇一〇年 成立於橋仔頭糖廠白屋。

二〇一一年 進行台灣移地創作計畫、返鄉創作計畫。

二〇一二年 前進日本311東北被災地、威尼斯當代藝術園區、台灣雙年展。

二〇一三年 日本被災地交陪創作宮城縣、岩手縣、兵庫縣巡迴創作交流一年。

二〇一四年 日本返台，完成北港媽祖三年遶境

二〇一五年 關渡美術館「赤焰、游擊、藝術交陪」展。

二〇一六年 台中歌劇院「Theater for all」開幕視覺藝術計畫。

帶著白屋去旅行

二〇一〇年，「新台灣壁畫隊」誕生，這座移動的畫室幾乎就是「白屋」的代名詞。其實這座神殿的建築結構與尺度，的確是以白屋藝廊為原型，精神上也是。白屋主人商毓芳期待透過移地創作到各地交陪，企圖藉以匯聚台灣土地與人的原創能量。

記得就在剛蓋建好的屋架蓋前，我和李俊賢兩人抽煙欣賞著，問他這壁畫計畫要取什麼名字，他酷酷地說：「可以叫新寶島壁畫隊。」我說：「新台灣壁畫隊比較好。」「為什麼？」他又酷酷地回應。「因為可以簡稱『新台壁』」，他忍不住笑出來，並頻頻點頭道：「好！好！新台壁，有道理。」果然大家都愛「新台壁」。

新台灣壁畫隊成立後，首先在二〇一一年三月份進入社區，進行「白樹計畫」，同時也促成居民在早已不見白樹的白樹里，重新種植台灣原生白樹的在地自覺與行動。五月份「佳冬計畫」則結合聚落環境改造，並打造

了全台灣第一條客家詩人漫步路徑，同時地方社團寄望於官方，卻多年始終保存未果的「張阿丁宅」，也在新台灣壁畫隊創作熱情的激勵下，由曾貴海醫師與佳冬文史協會發起百桌募款餐會而成功購置保留，此舉無疑也是台灣聚落保存的新頁。

二〇一一年，移地累積的藝術文本重新回到白屋，完成一間「蓋白屋」。一整年的全台繞境，各地的繪畫情節與湊熱鬧的陣頭大不相同，卻同樣十足展現台灣這座島嶼的熱情與想望。

二〇一一年七月，新台灣壁畫隊受台北當代藝術館邀請北上創作。受限於天龍國有別於台灣其他地方的交通法規，載運白屋的板車半夜才能進台北城。同樣的，我們也只能在天色最幽暗的時刻開始卸貨，因為就如進城般的限制，板車必須趕在天亮前出城。如此寧靜的台北城，清晨的第一道聲響是我們動工時喃喃向土地敬禱的心情，伴隨著第一組屋架立起，我們便被掩埋在城市的喧囂之中。

開幕式依「蓋白屋」慣例，由錦飛鳳傀儡戲團開場，案桌上擺著白屋郭哲雄董事長親自攜來的白瓷甕金門高粱酒，田都元帥壓場在天色微暗的細雨中，在台北當代藝術館的廣場燃起熊熊的金紙火焰。同時間，台北市美術之友會盛情設宴的晚餐在當代館內熱騰騰等著上桌。雨勢滂沱而來，白屋夥伴安排好入座的藝術家和名流貴客們，自行尋年輕人的樂子去。媒體上報導「豪宅住不起，藝術家南北蓋白屋」，硬是將時髦的議題借此發揮。

陰晴不定的台北，不是落雨就是毒辣的陽光，好男好女匆忙的步伐偶爾會倒退或盤旋，各色顏料和著酒水與雨水混在節制的檳榔血色之中。蓋白屋在台北多搭出一個舞台，李俊陽畫了一條台灣魚，李俊賢畫著原住民與漢人王見王 palafan，漸漸地暈染出一個與台北城橫衝直衝的速度感截然不同的磁場。

台北市文化基金會贊助的落成晚會，無限歡唱的卡拉OK和午後的驟雨同時啟動。多虧台北當代藝術館明快的決斷與運籌能力，新台灣壁畫隊在台北如電光火石般穿過了重重大樓與彎曲道路成功違陣。Taiwanese「他玩你死」，在數日後登上媒體的版面，焦點不是新台灣壁畫隊，是Taiwanese。

九月份，颱風要來不來，雨也要落不落，但新台灣壁畫隊的腳步卻不曾停歇。二〇一一年雲林國際偶戲節，就在布袋戲館和故事館中央的草皮，幽靈馬車般出現了一間白屋。「緊張！緊張！緊張！刺激！刺激！刺激！」萬惡的罪魅藏鏡人和史豔文的故鄉到了！開畫第一天下午，一位阿嬸騎著腳踏車，載著親手栽種的菜瓜走入白屋，一邊看圖，一邊賣菜瓜。菜瓜真大條，一條十塊元。眾人紛紛籌錢交關捧場，隨後還拿出畫筆顏料比姿勢，相爭欲和神祕親切又古錐的阿嬸照相。從此以後，這位阿嬸一天載來甘蔗，一天載來花椰菜，並且人一到，腳踏車就佇在門口，當作人家門般，更逐位逐位請教屋中群仙（眾多藝術家）是在畫什物。

不是群賢樓的中原群俠，「群仙」正是來自台灣四界的藝術家，隨著阿忠布袋戲扮仙登台。在風頭水尾看六輕竄出一陣一陣電光和火星，濁水溪水流到這兒，不只有豐美的農產和王爺媽祖的香火坐鎮，一仙一仙來來去去的江湖弟兄，共繪出一朵朵七彩電光琉璃花，開在這塊歡喜也好，悲情也好，一直認真打拚的故鄉。

新台壁最後來到後山。太平洋的風很開闊也很感傷，每天在11號公路往來，很愜意也很忙碌。打從十一月五日開工，部落老人家在儀式結束後坐在一旁歡唱，久久不散。第二天，賴純純的工作室隨之開工，依例又舉了香拜拜，拉黑子優美悠遠地吟唱詩歌和祖靈對話。

新台壁開工第一天，「反美麗灣」憤怒的靈魂隨著藝術家逗小花流水般的髮絲傾洩而出。未幾日，在反BOT美麗灣大飯店暗殺大自然的現場，眾人舉著赤誠火熱的酒神之杯吶喊，延燒到當夜「蓋白屋」成為反反反BOT的戰地帷幄，「好的窩」前任意排列組合的桌椅則成了分享與釋放的現場演唱會。直到「為Sra而跳」（Sra為Amis阿美族的「土地」之意），反都蘭鼻開發的部落

聯合出草，東海岸的 Amis 與來自台灣各地的「百浪」（原住民對漢人的通稱）走到都蘭鼻海岸邊，岬岸上當年紀念阿才[1]的立柱屹立著，風以不容忽視的力量不斷地吹著。

當月光與海潮聲寂靜地從二〇一一年十一月十三日推移到十四日，忽而一陣風，忽而一陣雨，卻不曾間斷「蓋白屋」旁一群人忘情地「巴歌浪」[2]。在我們計算時間的方式裡，在這片以月光海著稱的馬武窟溪出海口，彷彿是住在深山林裡的猴仙子趁著月光微微、小雨綿綿，不斷地吱吱咮咮比腳劃手停不下來，縱情狂歡地將大水桶裡的酒喝光了一桶又一桶。

二〇一一年，新台灣壁畫隊移地創作計畫結束的那一刻，最後清醒的語言是在瑪洛阿瀧（東河）討論警察可能在那裡路檢……

1 陳明才，劇作家、演員，二〇〇三年留下「天佑都蘭鼻」遺書後，投海自殺，文化界朋友在此立柱誌念，都蘭鼻開發案因為他的犧牲而擱置。

2「巴歌浪」Pakelang 是 Amis 的儀式，意即捕魚之意。在任何重要祭典與事件之後，聚集所有相關的人一起聚會，將哀傷與喜樂在過程當中付諸流水，回歸正常生活，故有人形容其為「收心操」，當然也藉機歡聚。

以災區重建的心情

某個夜晚，台南市東門路上的霓虹閃爍如常，高樓併著鐵皮屋熱絡而真實地活著，機車油門在漸深的夜裡愈顯得尖銳突出，不間斷地由四方穿越而過，一點也不想讓這個世界就此沉寂。

我在轉角大榕樹對面的小7便利商店駐足，思踱著要吃牛肉湯還是鱔魚意麵，嘴角含著細微的煙火，望著五光十色的招牌。招牌相較鐵皮屋不成比例地往路中央各自找空隙突出去，像是瘦小的遊民舉著廣告大旗乞討生活，像是看見刻意裝扮的姑娘露出了家貧的內衣。總之，整條道路就這樣構成光亮的繁華世界——賣著低價美味的宵夜，用最方便的衛生筷、塑膠袋，坐在站不穩定，但可機動調整的輕量桌椅上。明亮的招牌下，隨意的電線、流竄的穢水與污漬，僅以削瘦的鐵架和隔板支撐著門面……站在這繁華的城市，我有一種了然的體悟：應當以災後重建的心情來面對這個城市與土地。我深刻地感受到一個比311日本東北大震災重建更為棘手的景象。

二〇一二年三月底，在日本神戶前住宅局長垂水英司老師的安排下，我們第一次造訪石卷。初抵時，天空仍飄著細雪，可以想見二〇一一年年三月海嘯來臨時的天氣正處嚴寒。裹著圍巾，站在日和山俯瞰北上川上的萬畫館，櫻花還含著花苞未盛放，舉目望去，整座城市只是廢墟。此行正式啟動了我們一連三年的災區藝術陪伴計畫，因為商毓芳認為藝術創作應該要到最需要的地方，於是，石卷就成了我們最熟悉的日本城市。

一九九五年日本神戶大地震後，垂水先生擔任住都局局長負責城市重建工作。當台灣發生921大地震時，他是第一批前來協助的專家學者，隨後更成立「被災地市民交流協會」，致力於亞洲民間的賑災交流。二〇〇八年重建在埔里桃米村的紙教堂，正象徵著日台兩地深厚的被災地相互支援的精神與友誼。

事實上，當垂水老師聽到商毓芳想將「新台灣壁畫隊」移到東北震災區進行「行動美術館—蓋白屋」藝術陪伴時，心裡想，未免也太不可思議，但還是客氣地說或許石卷可能是個適合的地方，因為石卷有一座全日本最大的石之森萬畫館，並且是東北震災區的重建指標。不過他也提醒我們，被災地一切皆困難，恐怕連住宿的地方都不方便。記得在行前協商時，垂水老師就說，屆時有可能只能住臨時組合屋。新故鄉文教基金會廖嘉展董事長在一旁說：「放心，他們的組合屋比我們家都乾淨。」

石卷車站的時間還停在海嘯來的那一刻，街上四處可見假面騎士的身影。為了紀念「漫畫之王」石之森章太郎的石之森萬畫館，石卷市二十一世紀的新地標，重建萬畫館成為舉國關注的指標工作。為慎重起見，我們於八月份先在石卷與大槌二地進行實體壁畫創作，嘗試與在地居民及藝術家共同生活並理解被災地的情況，以確認後續計畫的可行性。當時我們住在為外來參與復興工程人員而新建的旅館。某天深夜，我們一群人在重建後的道路旁席地而坐喝啤酒，有人屁股移動，不小心推倒了啤酒，一直到啤酒緩緩地流到洩水口，我們才發現到這一灘水，不，啤酒，忍不住讚歎這道路的斜率也做得太標準又太平常——精準到肉眼無法察覺，卻依照水的物理性格往低處流，而不是就地灘在那裡無所適從。

以「友善邂逅」為主題的這次藝術交流行動，讓我們從二〇一二至二〇一四年來回日本東北近十次。從一開始看著災區滿目瘡痍，延綿數公里的廢棄物、一座座彷如山丘的城市殘骸、只剩地基的濱海小聚落……風平浪靜的日子，似乎連悲歌都唱不出聲來，只有風和陽光沒有情緒地來了又去。然而，隨著風與陽光的推移，菊田先生卻相信著：「大海從我們手中奪去的，會加倍還給我們。」女川復興咖啡店的老闆娘背著新生兒，身上的T恤印著斗大的「灣岸民族」平靜地招呼客人。大海嘯來時最高超過四十米，風浪過後，灣岸民族依然靠海生活，一點一滴。

二〇〇九年八八風災毀滅了甲仙小林村，重創南台灣。事發不久，各地人馬群聚在甲仙討論重建課題。瞬間迸發的飢溺心情匯集，不幾日，重建小林平埔文化館、一百天內建成永久屋的政治與救濟承諾成為媒體標題、

上千億的災區特別預算火速通過。眼見台灣如此這般的災後重建「效率」，不禁讓人想起在日本東北一個人口不及百人的小聚落裡，震災後，卻是歷經三年的調查和辯證，從地質、產業、教育、人口結構、經費預算……等，仔細又反覆地推敲如何重建。我們將廢墟急速掩埋，在百日內蓋成的大愛村，成為標榜救災的不遺餘力與效率典範。而今大愛村有多少當初設想的受災戶安居樂業？洶湧的社會愛心、龐大的政府舉債、保鮮期極短的關懷……我們花了好大的力氣、費了好多的精神、付出了好多的金錢，得到的卻是一個錯置而各自表述的結果……。

站在台南市狀似繁華的東門路上，望著霓虹燈上佈滿各式線路的天空，道路旁的排水溝蓋周邊散置著煙蒂和各色滯留的污水，竟感悟到一種豁然，一種明白自己處境的豁然：我們其實生活在災區，而我們一直誤解了這個看似承平世界的表象。

當明白自己其實是生活在災區，或者看清這個天堂樣品屋原來只是拼裝亂湊的結果，反而比較能夠死心蹋地一路往更好的人間天堂前進。我們不該誤會現實世界只是個運作失靈的天堂；這個時空、這座島嶼始終充滿生機，一種奮力但不見得要歸根究底的動能。心裡瞬間覺悟，我們當以災區重建的心情來面對這個社會！這覺悟讓我鬆了一口氣，覺得坦然而不再被挫敗感侵擾。開悟般，我的眼睛看見了這現實世界一個夾層中的秘密，於是，我吃了鱔魚意麵也點了牛肉湯，決定吃飽後繼續投入災區重建工作。

從影展走向建國

二〇〇六年六月的一天，在手機拍照功能還不太靈光的時代，我買了一台單眼數位相機。當時我們總是在興糖路三巷與駐村藝術家共食。大夥兒年紀相仿，或研究所畢業或剛從國外回來，還有兩位外籍藝術家朋友，以及一位從台北回到南方的電影人柯淑卿，柯姐。

柯姐離開台北回到岡山老家，大書法家陳世憲怕她一人無聊，帶她到藝術村認識些朋友，也好有個廝混的地方，因而也讓她意外發現，高雄原來還有個這麼好玩的地方，於是自稱地下駐村，經常在此出沒。

就在那天飯後，我向眾人介紹著新相機，並隨口問了柯姐，人生將半，接下來還想做什麼？柯姐說，一輩子拍電影，如果可能，還是想拍電影。「拍一部電影多少公？」我問，「三千萬吧。」「這麼便宜!?我們來拍一部吧！」所有人都覺得我是在練肖話，吃飽飯幫助消化用。大夥兒開懷大笑後，電影這回事就成為我們日後的話題之一。

我們開始認真思考如何讓電影在橋仔頭糖廠的文化資產保存過程中扮演一個角色，也讓柯姐的電影夢可以有所寄託。

真的，我不是在練肖話。首先，我們將每年例行的暑假營隊變成電影工作坊，讓柯姐帶著大學生以「電影感」的視角去觀看地方。而當慣性的文化解說要變成電影情節時，古蹟就不只是一幢沒有表情的老舊建築物，日本的清庄屠殺事件也許就是一個故事的起點，市場的小販也可能是影片的主角……說不定我們可以用藝術村為藍圖寫一個劇本，拍一部短片先試試。如果一年拍十分鐘，十年後就是一部長片呀！柯姐也不放棄十分鐘短片加起可以是長片的想法。大家漸漸覺得，好像拍電影這件事就要成真了；一群人愈講愈當真，也開始凡事都可以繞到電影這件事。

不久，柯姐繼金鐘獎最佳編劇之後的第一個劇本《一個想停留的地方》誕生了。我們利用當年十月

十五、十六日高雄縣社區營造的兩天進階課程，將可用的人馬分成兩組開始拍電影，除了各社區報名的夥伴，還有駐村的國內外藝術家、學生、家人、朋友、工作人員，我們預計在四十八小時內完成十分鐘短片。也因為人手不足，我只得權充導演一職，並藉由擔任柯姐影片主角的身份偷學個樣子，隨機應變完成人生第一部作品。

第二天晚上準備首映會之前，柯姐對

於我將劇本改得面目全非感到激賞，暗底裡跟製片雅琪說要有個頒獎典禮，雅琪便請蔣媽到高雄捷運工地圍籬旁，將僅剩的甘蔗砍來當獎杯，於是，「金甘蔗影展」就這樣誕生了。當晚為了讓金甘蔗影展成為名副其實的國際影展，我堅持將最佳男主角頒給法籍駐村藝術家菲利浦，女配角則是美國籍的莉莎。狂歡之後，我們決定即刻成立金甘蔗影展全球總部，且就設在重建後的「樹屋」。

這是以甘蔗為名，全球獨一無二「現地拍攝、現地後製、現地頒獎」的影展。將這一整座糖廠變成一個片場，在每年廊動的冬季，在屬於甘蔗收成的季節，在南台灣陽光迷人的日子裡，在每年農曆過年之前，將白甘蔗變成金甘蔗，以「100%自由、100%甜」號召各式的想像入侵、佔領這座百年糖廠。

前六屆金甘蔗影展皆以橋仔頭糖廠為基地，每年累積的影片也形成獨特的年度紀錄形式，紀錄著高雄捷運時代來臨前的變化。「現地」做為創作的基地，很容易成為一種敘事發展脈絡的基調與想像創作的基礎，同時也回應並刺激了長期在地思考課題的困境與對策。例如：藉由特效片怪獸摧毀高雄捷運高架橋保護小菜園，引起現場同情又狂烈的笑聲與喝采；透過黑道街頭追殺紀錄將被拆除的老街身影，不僅為日常生活場景注入新奇，同時也是悼念。

十分鐘，在不同團隊背景與創作過程當中，讓一個角落得以重新被看見也再發現，如此也自然構成一組年度的觀看視野，反映了當下的影像思考，並藉以連結現地的時下樣態和居民角色。這可能是我們反動媒體壟斷、商業炒作與消費視覺疏離淺薄的機會之一。眾生與眾聲無疑是評估藝術社會性的關鍵，他們可能是被關照的客體，同時也是參與者，特別是紀錄片。例如：勞工、農民、檳榔西施、外籍配偶、災民，其中隱含著我們對應全球化，試圖建立自我創作詮釋與探索主體美學的集體意識。所以，金甘蔗影展相當程度實踐著「生活即是藝術的培養皿」理念，最 local，也最 global。

在高雄縣市合併之際，我們決定實現「出走」的想法，以每年關注一個地方為目標，由豆皮藝文咖啡館的劉秋兒擔任策展人。當我們面對所有困境之時，他提出了「問題即資產」的思考，以金甘蔗影展介入大林蒲的環境難民議題，藉由影像創作貼近土地、貼近生活，從此不再侷限於單一現地的條件，企圖開創島嶼共時性的想像並展現影展的普遍性價值。為了「前進大林蒲」，數千年前的考古遺址，以及移民之初「大林蒲」之文史由來，對照戰後成為國際分工下無數煙囪所包圍的工業污染現實，一一成為創作的底色與素材，在地居民也成為影像裡的角色，或者當演員要試著揣摩融入場所性格，其中便產生許多聯想與想像的奔馳。

每年影展期間，電影創作者成為最投入的居民，居民與在地生活也成為創作表現與再現的要素。而當首映會揭開序幕時，日常生活空間就成為集體記憶與創作分享的傳達場域。在每次二十支影片長達六小時的放映時間，凝聚數百人閱讀不同的故事，透過不同的鏡頭語彙省視熟悉的土地，觀者與創作者共同連結而造就新的視覺經驗。放映現場，有人留著，只是為了看自已在大螢幕上的樣子，或該劇組就借宿在他家，當然所有團隊和親友團更有一個強烈的動機要等待大獎揭曉那一刻。

「金甘蔗」成為我們在當代重新回歸現地創造影像的果實，也成為我們企圖勾起「白甘蔗」殖民產業所遺留下的土地困境與生活思索。

為維持美學高度，金甘蔗影展評審團由台灣各地電影人與文化工作者組成，除了建立一個適切的策展機制之外，並巧妙地扣合網路時代資訊流通特性，啟動了最關鍵的「現地」問題意識與組織動員熱忱。「金甘蔗影展」像是每年冬天的甘蔗收成，甜度和製糖率或許不同，各地風土條件所築構島嶼的視覺生態也不盡然一致，但正好接結成年度視覺風景和現地思索。

「2012前進大林蒲」為此一新類型影展與在地意識的連結跨出新的一大步，二〇一三年第八屆「影到美濃」、二〇一四年「317到林邊」，接力完成三年的遶境後，重回橋仔頭。而為了隆重迎接金甘蔗影展第十屆的到臨，二〇一五年二月八日，我們正式成立一個以「甘蔗」為名的「國家」，就在我們自力修復的白屋，是一個100%自

由，100%甜的「甘蔗共和國」，有自己的國旗、自己的國歌、自己的國民。關於是否獨立，我們直接付諸行動，懶得浪費口水和媒體搏版面。就像長大成人後，關於愛這件事，用解釋的都不如用做一次來得真實震撼。

我們真實存在一個各自解讀的國度，站在島嶼一角，以人的視野端看世界，渺小或巨大不是命題，存在就是風來樹動。我們嘗試著迎風或避風的舉動，我們快樂或

2007

悲傷總有詩歌。於是每年到了冬季廍動的季節，努力嘗試壓榨一年的歲月記憶，在土地已暫停種蔗取糖的日子，無閒端鏡細數皺褶的皮肉，振奮著要來一場電影嘉年華會。

始終記得二〇〇六年出發時的詩歌：

舉目望去
我們看到沃野平疇的豐美希望
我們不只帶了鋤頭鎌刀準備開墾這片休耕已久的土地
最關鍵的是一個個打死不退，混身熱血的沸騰

相信這片土地因為甘蔗成為砂糖之島
相信這片土地會因為金甘蔗影展而成為創意之島
我們不是殖民政權帶著槍砲來到這個地方
我們是與這塊土地生死相繫的子民

相信土地和夢想的力量
相信夢想是唯一真實
相信我們可以共同編織這片土地的未來

橋仔頭的春秋大夢

金甘蔗影展誕生後，每年秋冬製糖期一到，我們總要為如何籌備金甘蔗影展而勞動，藝術村也因為影展這個年度盛事，讓參與橋仔頭糖廠的創作者更為多元。莊益增、顏蘭權（莊子和蘭權）在拍完「牽阮的手」紀錄片之後決定回到南部定居，一則休息療傷，一則賺錢償債。當二〇一〇年第七屆金甘蔗影展陷入是否續辦關頭，幾個人坐在白屋大榕樹下討論著如何前進。看著我們一無所有的樂觀，蘭權頗有被打敗的感覺，不過自那天起，莊子和蘭權就成為維繫金甘蔗影展最給力的電影人。

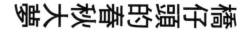

夜裡的大樟樹下，一群人常圍坐著升火聊天，或為了金甘蔗影展，或為了某部朋友的電影，或為了帶朋友來敘舊，或只是為了很久沒有喝酒聊天……漸漸，白屋成為莊子與蘭權往返住家與學校的中繼站，橋仔頭糖廠正式納入他們的生活圈。二〇一四年，莊子與蘭權決定拍一部關於橋仔頭糖廠的紀錄片，可不是因為閒著沒事，他們整理了幾百卷橋仔頭糖廠二十多年來的影像資料，

也就是那些拍完之後再也沒有機會回顧與整理的帶子，並藉機要求我編年口述記憶中的過往。拍攝了一年，他們一度打算放棄，因為好像真的有點龐雜而難以切入，而這些朋友又過度親近以至難以拿捏尺度。

好不容易片子終於在二〇一六年高雄電影節首映日的期限壓迫下完成了，片名就叫「橋仔頭的春秋大夢」，裡頭的主角都是二〇〇六年從各地來到橋仔頭糖廠藝術村而結識，經過十年，都同樣面對是否繼續留在橋仔頭糖廠的課題。在期待又緊張的首映會之前，蘭導顯得過度焦慮，史無前例地為這部片子寫了七篇自白，做為面對觀眾的心理建設。朋友們聽說有這部片，開始將關心連結到「白屋」的存續問題，或興奮地說：「應該是一部很有趣的片吧？」「不，聽導演說其實滿悲傷的！」

創作者總是有一種莫名的預言或召喚能力。柯淑卿，柯姐在二〇一六年也完成了以商博士為主角的《爆雨白屋》電影劇本，這是關於我們思考著要拍一部長片作為終點或里程碑，或者實現二〇〇六年金甘蔗影展誕生前拍電影的雄心壯志。總之，橋仔頭春秋大夢的邏輯就像一位革命者所言：「革命只有決算，沒有預算。」這應該也是我們讓旁人心驚膽跳卻也津津樂道的主因之一。

二〇一六年十一月二日「橋仔頭的春秋大夢」亮相了，在親友團過半的氣勢下，高雄總圖真的很有電影院的氣氛，但昂揚的興奮熱情，讓館方人員不得不一直過來提醒，「這裡是圖書館，請小聲一點……」這部帶著詩意又充滿個人囈語的紀錄片，有人在影片裡頭發現令人酸酸的地方，或者淡淡的哀傷。好歹這是一群還活跳跳的心靈，年紀累積到度量衡的標準中年刻度，對自己或許不符主流的行事風格的一種表述，為自己的人生吟唱一首詩歌，沒有自怨自艾，還算坦誠的記敘。即便就事情來說是因我而起頭，但是，究竟是我選擇了這個地方，還是這個地方選擇了我，其實我並不明白。

這是一部因紀錄本質而產生的創作詩篇，影片中的每一個人都是主角，每個角色的囈語，對受眾或許只是廢話、夢話，但將一段時間和一群人物拍攝成一種影像，一種敘事，就像在寫一首詩。我喜歡這部影片，人生可以是一首詩是很酷的事。

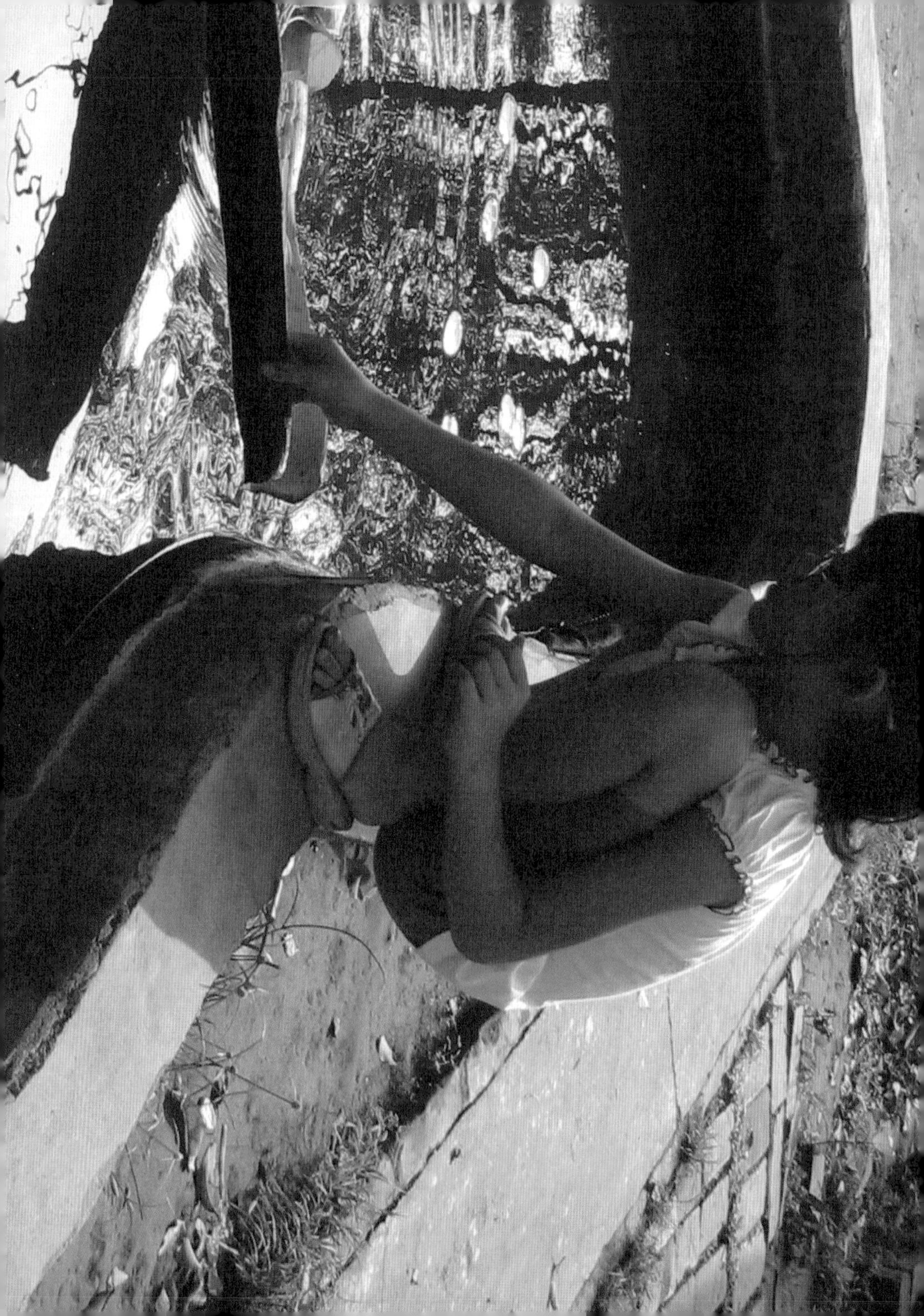

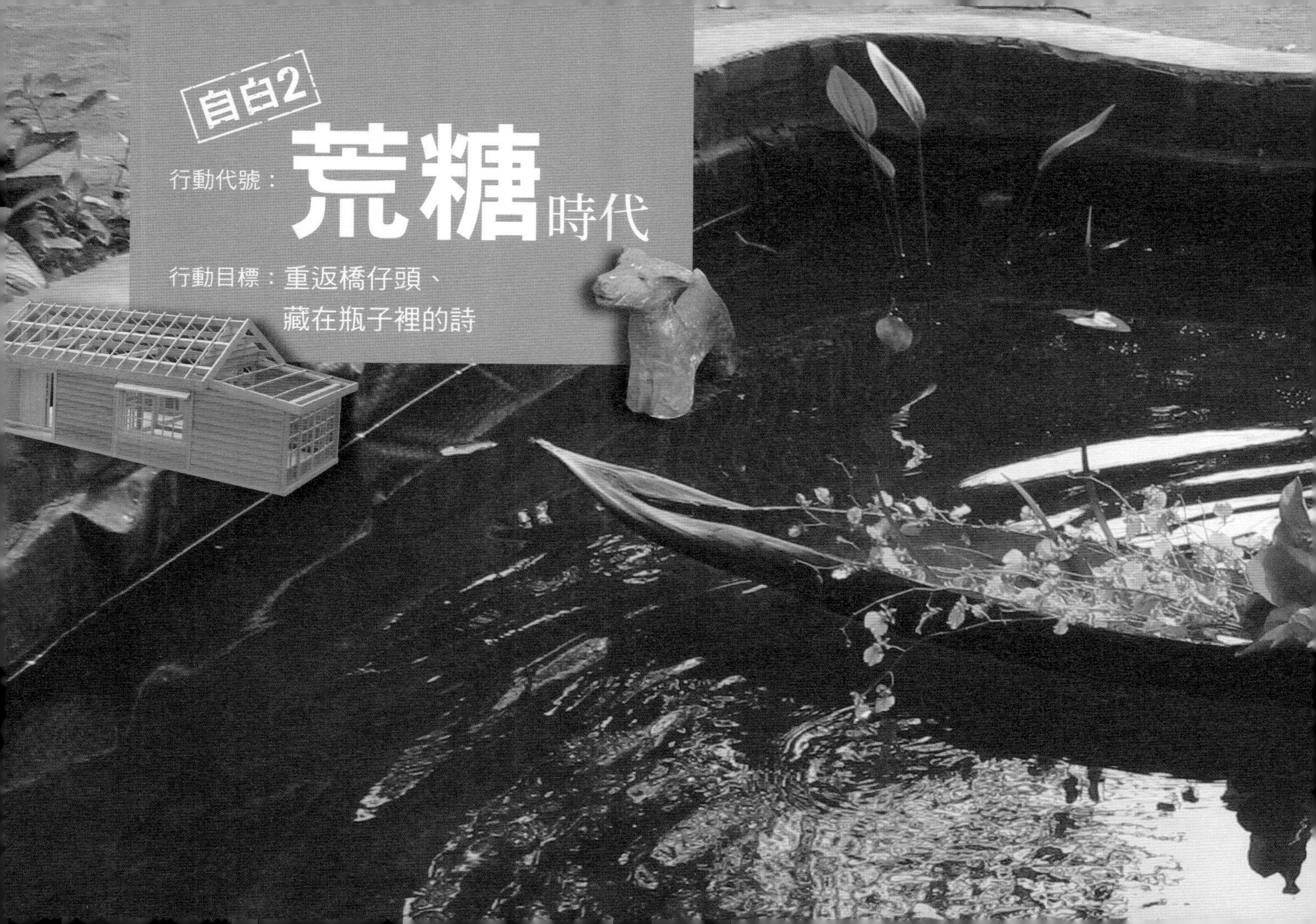

自白2

行動代號：**荒糖**時代

行動目標：重返橋仔頭、藏在瓶子裡的詩

橋仔頭街市

橋仔頭，意思是「橋頭」，表示這裡曾有一座橋。在十八世紀清乾隆時期的既有文獻，稱此地為「小店仔街」，顯然有店，但應該不大，可能比阿公店還小一點，不過阿公店並不是真的店，「阿公店」是西拉雅族語「竿蓁林」之意，「小店仔」倒是真的市集，是府城到縣城的中途驛站，也是南來北往的補給站。

橋頭往東是燕巢，燕巢原為「援剿」之意，因援助剿匪而命名，千萬別誤會是因為燕子築巢而得名的。橋頭往西有「援中港」，是因為鄭成功的中軍衝鋒部隊屯田在橋頭的東側高地，名為「中衝崎」，後因

貿易而形成一重要的內港轉運站。所以，人、錢、貨的交易，早在當時就已熱烈展開。至於從小店仔街到橋仔頭街，有一說是因為匪寇出沒不定，善良百姓要從聚落外出，總要在「允龜橋」橋頭相候結伴而行，故名之。漸漸，「橋仔頭街」逐日成為南北二路、東西山海交會的市集。

直到日本人統治台灣，為了蓋第一座新式製糖廠，一八九八年開始進行周邊清庄屠殺。於是在一九〇一年，橋仔頭街因為糖廠設立而成為台灣第一條街道改正的街市。同年，南來北往的縱貫線鐵道也開通了，進入二十世紀，此地的面貌也領先全台灣地轉變了。

橋仔頭是橋頭區的市區，也是現代化的櫥窗。當年因為橋仔頭糖廠設立，以致大量農地遭到強徵與收購，但橋仔頭自日本時代以來的聚落形態並無更易。二十世紀，橋仔頭街就在台灣最大的產業聚落、最先進的鐵道鐵道旁，與南北縱貫線公路比鄰。直到二十一世紀的今天，最先進的高雄捷運在橋頭區設有三個站，台灣高鐵也行經橋頭區境內。也因此，交通上的便利，加上因廣大農田維繫著的特有傳統聚落形態，形成橋仔頭街市歷經三百年不衰的根基。

橋仔頭街更被稱之為近代的「台灣民主第一街」。因為一九七九年，「聲援余登發父子匪諜案」的戰後戒嚴時期第一次黨外遊行，就發生在此地，現在的陳菊市長當年也參與了這場重要戰役。顯然，所謂民主運動是不同世代不斷奮進的過程，有無數的故人與過客共同成就了這條街的靈魂。可惜的是，靈魂不太容易看見。

現在的橋仔頭菜市場所在，原本是日本人就讀的「打狗高等尋常小學校橋仔頭分教室」，成立於一九〇七年，是高雄最早的小學校。傳說中跨過仕隆圳的「允龜橋」，在日本時代名為「學行橋」，也就是要讓小朋友走路上學的橋。戰後原本還留著四座橋頭墩柱，直到二〇〇九年橋仔頭街拓寬時才消失。台灣的菜市場可概分為「早市」跟「黃昏市」，橋仔頭菜市場是典型的黃昏市。一般而言，早市所販售的通常比較新鮮，因為蔬果魚肉批發都在清晨前便開始進行，通常早上賣不完的，才會淪到黃昏市場，所以也有人稱黃昏市是垃圾市。但橋仔頭

菜市場卻全然不是這麼一回事。自我懂事以來，橋仔頭菜市場就是橋頭地區貨品最新鮮、規模最大的菜市場。每到黃昏，菜市場旁的台一線很自然就會被機車與腳踏車佔滿慢車道。台一線當時稱為「軍路」，據說是為煉油場的輸油管與岡山空軍基地而拓寬的柏油馬路。現在回想起來，號稱「軍路」也不過四線道，卻是當時最寬闊的柏油馬路。但每天一到黃昏市場開市，就成了購物者的人行道與機慢車停車場。

橋仔頭小學校改建為市場，一方面是因為區域的消費需求，一方面則因為當時橋頭隸於楠梓庄，所以境內小學被輿論要求遷到現今雅歌鋼琴所在地，以象徵行政主權及區域平衡，這也是為何在一望無際的甘蔗園中會有一塊學校用地。後來則轉賣給雅歌鋼琴，成為七〇年代橋頭鄉的入口意象。

從小店仔街到橋仔頭街，再到現在大家熟悉的橋仔頭黃昏市場，也得利於戰後區域小型工業區的大量興起，特別是楠梓加工出口區的成立，不僅讓走出家庭的職業婦女大增，也因為朝九晚五的生活形態而轉變了購物消費習慣。於是，我們對這條街的記憶，從文獻中聚落形成初始的小店仔街，到群聚發展時的橋仔頭街，到日本時代街道改正的現代化街市，已經徹底轉型為庶民往來活絡的黃昏市場了。

從街市到菜市仔，其實是一個大轉變。橋仔頭街在二十世紀初，不僅是明治時期第一條新概念的街道改正，同時也因為產業發達引來許多仕紳階層與消費文化，且不是只有紙醉金迷的酒家，還有許多風格獨特的

仿巴洛克樣式建築，以及隱身在街屋深處的許多傳統院落。橋仔頭街在日本時代也開始出現許多醫生館，帶來西化的生活品味與和風文化。其中有一位來自府城的林錦生醫生，一九一二年與蔣渭水一起加入同盟會台灣分會，一九一六年來到橋仔頭行醫。

小時候，我經常赤腳跟著阿母或姐姐享受逛菜市場的樂趣。身處人聲鼎沸的熱鬧街市，雙腳經常為著踏踩到菜汁與污水而遲疑不決。然，雖是苦惱，卻還是不習慣穿上鞋子。於是，菜市場的記憶除了迷人的熟食味道和光鮮食蔬，就多了一份擺脫不掉的黏膩感。這份黏膩隔著大水溝就是林錦生家族的故居，咫尺一幢坐落在綠林蓊鬱的高牆內，環境靜謐，與市井喧嘩的吵鬧形成一種巨大的莫名奇異感受。公共廁所在肉脯店旁瀰漫著濃濃的刺鼻味，農藥店前面擠著幾攤小販，不時傾流的各種液體漫佈在崎嶇不平的土地上，微暗市場裡灑落幾屢叢林的綠光。

國小二年級，我與林錦生醫生的孫子成為同學。在他當小留學生之前，我有幸受邀到他們家一回。一進到玄關，看見幾台日本進口的大型電動玩具，有點不似在人間的驚豔，是我童年的深刻印記之一。不久他們全家移民到美國，這片樹林變成了幾幢公寓與透天厝，一條新文化的仕紳街市品味就逐日隨著市場消費文化更易。

二〇〇九年「橋仔頭老街風華再造計畫」將老街拓寬，

切割掉所有日本時代街道改正的立面，同時也拆除掉所有戰後隨性的招牌與違建，也才意外發現，林錦生醫師落腳的第一間醫生館，完好地存在拓寬道路界線之外，一幢經典的兩層土磚造樓房，彷彿穿越時空，從百年前來到眼前。住在對面，年近九十的林添財老師說，他的童年就常看著先生娘在陽台喝下午茶，屋裡還不時傳來典雅的西樂。

林添財老師彈著鋼琴對我說，要是真能將這幢房子買下來，他願意每天下午到屋子裡彈鋼琴。不過，現任屋主還是決定拆了它。林老師問他說：「老街在哪裡？」屋主是他的學生，悻悻地說：「這種房子，土做的，見笑啦。」雖然我們一群人願意出個好價錢買下這幢房子，但最後仍和余登發老先生的故居一樣，消失了。至於原屬台糖的市場所在地，也在所謂地方民意的要求下改建成嶄新的鐵皮屋。適逢高雄縣市合併，貼上幾個鮮明的大紅字：「深耕蛻變，迎合新局」。好歹這也符合當下大家對橋仔頭的印象：二十一世紀的光明前途，早已無關乎什麼第一街或老街變遷，而是各式網路流傳的小吃與傳承幾代的美食。「吃飽未？」繼續吃吧！

橋頭・老街・魔幻對話

當我意會到自己坐在橋頭時，其實已經在這裡待了一會兒了，而這「一會兒」究竟是多久，也沒有個準，總之，太陽斜到西側樓房後，總有人陸續在走動。往來的人多，市場叫賣聲也就跟著熱絡。這樣叫和了幾百年，只是當年街上的太陽不是這樣消失的。

街上往來的人絡繹不絕，有些人倉皇路過，有些人買賣，這個黃昏市集層層疊疊，也有數百年光陰了。原來的樣貌是先從土裡長出牆來，接著蓋上茅草屋頂，後來有人運來大片的紅磚，頭頂也就跟上紅瓦。快轉時光機器來看，這條街就像土裡漸次湧出的長龍般婉蜒著。

這條街的樣子，也跟這條街往來的人的樣貌相似，當屋子蓋茅草，人也帶草帽，連官差的帽子也拖著辮子。後來一群服裝整齊的人重新劃定了房屋尺寸，同時也在屋子表面加了不少花樣。此時大家爭相比美，

這街就像一個建築展示場般高貴了起來。那時飲酒作樂的場子也出現了，少女們高挑著身子得意得很。但沒多久，帶著另一種旗幟，提槍甩尾，步伐混亂，制服穿不整齊的人恣意橫行，像是餓鬼來到大飯廳，什麼都好什麼都拿，整個空間開始變得參差不齊，坑坑洞洞。

此後，人人開始掩著自己的真面目，房舍也開始拿鐵條圍住自己，但是掙錢的需要和面子問題，硬是架上不成比例五花十色的招牌，就怕別人看不見。這種遊戲玩了大半世紀，最新玩法，甚至用鐵在拉皮！如今整條街就像廟會前的電子花車般，令人眼花撩亂，更像貼滿膏藥，搞不清楚病狀的患者似的，一會兒叫囂狂笑，一會兒誇大炫耀。那些在統治威權恐嚇下唯唯諾諾的樣態，偶爾卻也角色對調地用在對弱勢者的耀武揚威上，藉以宣洩。而這樣的

真實感像市場裡流出的穢水，在光天化日之下，如若仔細看著，令人作嘔。

其實，最初人們聚集在這裡，是為了過橋。那是一群穿著隨意的拓墾者，因擔心過橋後遭遇不測，所以會在我現在坐的地方結夥同行。這一天，有位廖先生發現我在橋頭上坐著。難得我在橋頭排遣居然遭人撞見，並要我說些文化資產的趣事。這倒引起我的困惑：「什麼事對他來說才是有趣的？」從大岡山與小岡山兩座珊瑚夫妻在海裡浮起來之前的事有趣？還是大岡山開始有人住的時候才算有趣？掐指算算，大岡山開始住人，也是幾萬年前的事了。

記得不久前橋上有位說書人在講些俠客軼聞，還有人請他謄成紙本拿去演布袋戲或皮影戲。這或許會有趣些，於是隨意拿起一本《鄭和下西洋》，沒料到廖先生欣喜的面容帶著困惑：「怎麼還有些日本字？喔，原來是拿《興南日報》來當封底！這是文化資產沒錯，但可不可以談些有關文化資產的看法？」「文化資產？」這可把我搞糊塗了，什麼是「文化資產」？

廖：「比如說老街保存啊！」

我：「老街？你說這條街？喔，對人類來說是夠老，但人們向來想到了就拆，不是嗎？」

廖：「是啊，但你覺得是拆好？還是不拆好？那又是為什麼？」

我：「為什麼？我也不知道為什麼我現在坐在這裡、為什麼你看得到我，又問了我這個問題？」

廖：「沒有人看見過你？」

我：「幾個見過。除了在這裡原先流動的人之外，三百多年前有個人遇見我，交給我一張『風來竹有聲』的字帖，聽說是明朝寧靖王的親筆墨寶。那人預言未來東邊要是起了煙，不久這條街將會出諸侯王。後來我就發現自己坐在這橋上，橋的北邊有人蓋起媽祖廟，往來的人多，姓鄭的一家人就藏在人流裡。這是第一次有人在橋頭見過我。對了，什麼是文化資產？」

廖：「文化資產？你知道我們有一個文化資產保存法，例如，有些東西很重要就列為古蹟保護，或者有些

重要文物，大概是這一類屬於具有公共性和共同性價值義意的東西之類的……」

我：「法？」

廖：「那是一種規定，就是為保障人類文化中一些重要東西所制定的規則。」

我：「這裡曾經有法啊！以前綁辮子的官差說的就算法，如果不是隨人心情說了算的……對了，有個叫山本的傢伙規定了這街道的寬度，還將街頭街尾兩塊土地給了他在台灣認養的子女，從此這條街整齊了半世紀，他還給了這座橋一個名字，叫『學行橋』，因為橋的南邊成立了一間學校。」

廖：「之後呢？」

我：「之後學校搬了，蓋了市場……」

廖：「我是說山本之後呢？」

甚麼是「文化資產」？

文化資產保存法所定義的「文化資產」，是指具有歷史、文化、藝術、科學等價值，並經指定或登錄，包括：古蹟、歷史建築、紀念建築、聚落建築群、考古遺址、史蹟、文化景觀、古物、自然地景與自然紀念物等可歸為有形文化資產，而傳統表演藝術、傳統工藝、口述傳統、民俗、傳統知識與實踐則可視為無形文化資產。

我：「還遇見過一個從府城來的醫生，那是在山本回日本之後的事。府城醫師是二次大戰後來這裡避難，在這街上開了第一間醫館。但在三十年前那次騷動後，決定賣掉大片的房舍移民到美國去。他離開前總會坐在對面的橋頭沉思，望著橋下的流水，拭過幾次淚。」

廖：「喔，那你覺得這條街重要嗎？」

我：「你覺得呢？」

廖：「我覺得重要啊，只是我好奇在這裡往來的人是怎麼想的，為什麼要拆呢？」

我：「這些人並不在乎自己是誰啊！總是這樣，有用的就拿來用，用完就換掉。人來來去去。我還沒到這裡之前，有一群荷蘭人和在地人打了一仗，人煙死寂了好一陣子，那時候梅花鹿最多也最會跳，水草豐碩，苦楝花也開得最美。」

廖：「喂！少年仔，你能不能正經一點。文化資產啦，這是一種文化認同和文明尊嚴最根本的價值！你不要扯那麼遠！」

我：「是你扯得比較遠吧！來這裡的人哪有人在乎什麼文化認同、文明尊嚴？我在這裡看過最理直氣壯的人，要不就有錢人，要不就拿槍搶人的人！大家在乎是的生存。在乎自己的生存，但不在乎自己是誰。何況在這裡發達發財的人都走了，剩下的人也不多。」

廖：「老街吔！幹，老街吔！這是這些人在這裡生存了幾百年的活證據，怎麼會不重要呢？你知道這裡還是台灣戒嚴時期第一次黨外遊行的地方嗎？這是台

灣近三十年來民主化過程的一個里程碑吔！」

我：「講得這麼用力幹嘛，要是那麼重要，那為什麼有人要拆呢？是統治者又換成另一國人了嗎？我查一下……」

廖：「不是啦，是當年在這裡起家的人自己要拆啦。」

我：「那就拆嘛，又不是沒拆過！這就是氣數嘛！三年一閏好壞照輪，剛好三十年，風水輪流轉，時勢走到這裡了。」

廖先生一時語塞……

「……你有看到那群人否？」我嘗試轉移一下話題。

廖：「哪一群？是老仔或少年仔？」

我：「喔，看老仔也可以，你看老仔坐在那打麻將，一群少年仔在那在撿磚仔角。就是有人打掉，有人撿起來，不同款的人，不同款的世代。」

廖：「什麼意思？」

我：「氣散了，少年仔若撿得周全就有希望。這塊土地總是一時興旺，一息尚存啊，要不哪會改朝換代！」

廖：「再怎麼改，這祖先留下來的，哪能拆啊！」

我：「這就人嘛，什麼人生成什麼款，免憤慨啦。這條街就是這樣，富過三代，出三代的縣長已經不得了。你說什麼文化資產？罷了。」

廖先生又沉默了，黃昏市場買賣的聲音倒是開始熱絡起來，原先散成一條長街的攤販壓縮在各個巷道裡，各自找到一個安適的位置，在一片斷垣殘壁之中，若無其事地持續交易；每天還是準時開市，一攤都沒有少。怪手和貨車拚命趕工的聲響只當是電台裡新出品的配樂，有時則像喪鐘讓所有人突然停格，但大多時候更像是早已習慣的鄰居家暴哭鬧聲。幾台回收車和拾荒者也加入這條黃昏市場的喧囂。一股驅不散、理不清的生命力始終在街上竄動著。

進校巷十四號

「進校巷十四號」，仕隆國小校園內一幢年過九十的日本時代木造宿舍。早在二〇〇八年之前，馬村長三番兩次要求校方將這幢已成治安死角的宿舍拆了，但由於學校遲遲無法籌足拆除工程經費而僵持著。直到一位日本老人寺田生駒的意外出現，仕隆國小李水秋校長轉而期待由橋仔頭文史協會來認養修復。於是，我們一方面自力修復「進校巷十四號」，以做為橋仔頭文史協會被迫遷出糖廠後的新據點，一方面也在這個修復過程中，決定了要承租白屋，重新返回橋仔頭糖廠。

「進校巷十四號」只有一個門牌，實質上有兩幢屋子。荒廢期間，裡面住著兩、三個流浪漢，同時也是附近少年吸毒的好場所，而一旁尚新的「樹靈碑」則已淹沒在草叢之中。這是一九九四年，橋仔頭社區為了宿舍門前的老榕樹不當死亡，舉辦了台灣第一次「樹靈祭」，因茲事體大，文人寫詩、縣長親臨、朗讀祭文，並銘刻「樹靈碑」為記。這活動也被視為橋仔頭社區總體營造的起點。然而短短不過二十年間，卻已好似遺落人間，還諸天地了。老宿舍成了學生口中的鬼屋，上下學的孩子總要成群結隊才敢快步走過，一旁的清心網球場每天聚集許多社會名流揮汗在保持青春，流浪漢與社會菁英僅一網之隔，原本的校門口變成馬村長設置的路擋，沒有他的允許，任何車輛不得進入。

有一天，仕隆國小陳志鵬老師無意間在「進校巷十四號」遇見穿著整潔的寺田先生。志鵬老師好奇驅前詢問這位日本先生為何在此流連。寺田先生說，他有一位好友伊吹元博生前一直告訴他，人生中最美好的兩年就在這裡渡過，因而促使他想來看看好友口中那個最美好的地方長什麼模樣，而這幢傾頹的老房子似乎就是唯一的線索。於是志鵬老師帶領寺田先拜訪李校長，並翻出校史資料，確定伊吹元博老師當年正是住在這幢教師宿舍裡，而被伊吹老師教過的學生應該也都還在世。志鵬老師建議李校長可以透過認養的方式活化這幢學校裡僅存的木造宿舍，也做為仕隆國小百年校慶的歷史見證。

仕隆國小創設於一九一七年，是橋仔頭第一所，也是最大的公學校，有廣濶的上下校園；下校園是學校入口，連結著市區；上校園則有廣濶的操場和許多老樹，校園後方就是農田與荒野。日本時代橋仔頭有機會就學者，大部分就是仕隆國校畢業的，即便在戰後仍佔一半以上。如今少子化衝擊，學生人數已不及當時的五分之一。隨著歷屆校長的工程建設，舊校舍都更新成看來品質堪虞的水泥建築，隨處可見的大樹群也絕大多數被砍除，僅有極少數幾棵殘存於工程預算不及的邊緣。校園實質使用空間縮小至上校園。原本的後門成為校門，看起來跟新建的學校沒什麼兩樣，連樹都是新種的。原本的校門彷彿通往後門的私設道路，而下校園成為社會各界有力人士的欲望拼圖，社區活動中心就佇在原來的校門口，教室宿舍成為社區停車場，教室做為社團辦公室或空著，各自圍起疆界，只留下從網球場旁的一條小階梯可以偷渡到上校園去。

很多人都對我們認養一幢殘破的屋子充滿期待，但也充滿擔憂，評估的合理修復費用至少要三百萬以上，錢

從哪裡來？又如何讓那幾個流浪漢朋友離開呢？如果是個教育現場，錢就不是問題，因為整個修復過程就是個教育事業。又如果這是大家認同的公共資產，那麼「大家」就是多數人，流浪者只是極少數，優勢人力可以解決這個問題。

首先，邀請學生和導護志工，以上百人力打掃環境的方式介入這個空間。於是，當暫居的流浪漢朋友看見那麼多善良老百姓出現，立即收拾家當從窗戶溜出去，先在網球場棚架下待了三、五天後，最終決定離開。

我們將整修「進校巷十四號」視為課程，邀請樹德科技大學建築系學生將此當成畢業設計題目，仕隆國小的學生就是業主，於是「鬼屋福利社」、「講古平台」、「遊戲休憩區」

成為建築系大學生第一件充滿成就感與使命感的設計業務，而身為業主的仕隆國小學生也親眼體驗到建築形塑空間的魅力。至於建築材料從何而來？當時岡山正在大批拆除眷村，木料滿地都是，而隨時隨處可見的道路拓寬現場則有無數混凝土塊可以當做石材。將建築視為一個共構的過程，建築是為文化載體，空間是為人文的場所，文化與歷史做為開啟行動的資產，錢就不是問題。

第一階段的整理有了成果後，我們邀請了伊吹元博老師在台灣教過的學生回來聚會。正當一群年近八十的老人家坐在木造宿舍前和小學生合影時，有一位穿著西裝的老先生拄著拐杖緩緩走來；身著西裝的他站在一群穿著便服的人群中特別顯眼。他，李金盛，是正修工專創辦人之一，當年因為戰爭開疏，他來到橋仔頭姑媽家寄住兩年，正好受教於伊吹元博老師。畢業後再

也不曾回到這個校園。如今他罹患帕森金氏症，手腳雖不聽使喚，卻依然慢慢、不放棄地朝我們一群人走來。

伊吹元博老師當年是仕隆國小的代用教師，也是他畢業後的第一份工作。任教兩年後，就被徵召參與滿州戰爭。戰爭結束後回到北海道，卻始終保存著當年和學生合影的照片，應該也是他的青春照。負責召集這些老同學的，是橋仔頭文史協會的資深理事陳森溪，當天寺田先生也特地來到現場，同年同月同日生的他們倆，也因為此事經常往來而成為好朋友，並約定往後要一同過生日。

再回到「進校巷十四號」，昭和年代的這一班同學會有聊不完的話題，尤其提起伊吹元博老師曾經愛慕一位女士的逸事，一張張八十歲的滄桑臉龐仍流露出少男少女的青澀笑容。

荒糖

◆

陽光隱沒在西側的樹林之後，穿透枝葉間的餘光合著施工揚起的泥沙，一片蕭瑟。通過第一公墓的小徑在承受接二連三的預拌混凝土車後，有一股不得不揚起的塵埃，落不定地在半空中翻滾著，好像要控訴，卻糾結著跌落在無何有之處。

甘蔗是多年生禾本科，第一年收成時將宿根留在蔗園裡，如此可省去不少勞力成本，故而宿根成長是減低勞動成本增加製糖利潤的方式之一。自一九九九年橋仔頭糖廠停止製糖後，甘蔗即使依例採收，處理的方式也挺隨意，至於更新植苗便是不必要的舉動。由於人口的成長遠不及開發想像的樂觀，寄望農業收成而租地耕作的農民委實不多，所以多數尚未市地重劃的會社園仍舊是蔗種風貌，只是原該茂密豐年的氣象，隨著春去冬來，也就呈現游耕鬆散的景象。倒是因為定時收割成為一項浪費勞力與消耗生產成本的事情，甘蔗成熟後的花一配額得較為自由從容，遠遠一望就可以看見甘蔗花在園野間伸出一隻隻米白的花穗，很有幾分山林野溪裡秋芒的氣息。

二〇〇三年國際藝術節，我們選擇在球場路的北側蔗園辦一場閉幕演唱會。活動三天前來了幾台怪手和壓土機，機械式地摧枯拉朽，引來不少白鷺鷥飽餐數日，也將原本已放棄收成的蔗園整平成一座空濶的黃土地；豔紅色的塑膠椅整齊排列後，就拱成廟宇建醮的流水席氣氛，寬敞的空間瀰漫著緩緩蒸上來的甘蔗香甜味道，讓人好想在上頭奔跑。

小時候早起的清晨，阿公會領著孫子在耘平的旱園泥土裡奔跑，細軟的黃土裡飽含著濕氣，每踩一步就踩陷

一個腳印，土氣也隨之竄升到骨子裡，覺得全身充滿土地的香氣。鮮豔的紅色塑膠椅子、炫麗的舞台燈光，還有當紅的流行歌手，有不少附近的學生追著明星搶在前幾排座位，還有阿婆抱著孫子要一睹電視閩南語劇裡的知名演員風采。成千上百人踏實了這片土地。四周瀰漫著泥土香氣的熱鬧氣氛，就像小時和死黨們在弭平的田地裡爭睹黃俊雄布袋戲的盛況。隨著建商陸續在空地裡蓋起透天販厝，如今蔗園四周已是一片水泥叢林。至於這塊土地的未來，雖然難以推敲，總是忍不住思量，要是沒了這些甘蔗，將來空氣裡會是什麼味道？

高雄新市鎮第一期兩百多公頃的道路設施開闢後，由於道路寬敞又封閉，便成為搖控飛機同好的聚集地，天空總會有柴油燃燒的氣味，嘶叫的引擎好像在為這裡的偉大前景助陣，只是沒人應聲叫好。南邊是都會公園，旁有兩座蔗園挖深又填高的西青埔垃圾山，吞埋了大高雄地區好幾年份的垃圾，外表看似極適合從事極限運動的荒地，大量的沼氣雖也視為能源被抽取利用，但仍不時可以聞到刺鼻的氣味。

從垃圾山頂朝南看去，高雄市顯得繁華多了，雖然空氣總是濛著一重重的霧氣，還是可以看到大批高樓鱗次櫛比聳立著。山腳下是楠梓加工出口區，再遠點是後勁煉油廠，台一線的東側是大社、仁武石化工業區，搭火車經過楠梓站到左營站間，即便熟睡而能不被刺鼻味嗆醒者，皆可稱得上是武林高手，很可能是不用鼻子呼吸的楚留香傳人。

往北罷！岡山是全世界舉足輕重的螺絲工業重鎮，現在還有本州工業區積極招商，兩年免稅優待，至於更名為「高雄科學園區」的南科路竹基地，亦極盡所能地吸引資本家投資以振興產業，一嗅即知是可敬的銅臭味。東西向則中崎溪流貫，小農經濟的農村景致裡穿插錯落著不少中小型工廠，而在糖廠對岸曾是台灣最大的鋁回收再製廠「紐新公司」，雖然如今已經沒落，不過溪水流盪至此，顏色依然斑斕不已且冒著泡，其中的味道不用親嚐也知道不可口。沿此西去，將出鄉境的所在矗立著台灣最大的民營鋼鐵公司「燁隆集團」，出海口有時黃澄澄一片，有時墨深難分五色便不待言。

大片的田園任憑甘蔗花等待季節恣意開放總不是辦法，但是當前所見的利用厚生方式卻也讓人難以恭維。原以為那塊土地經此一番激情演唱會告別後，來年可能

是一片原生草木盤據的地方，站在土地生養的立場想想也並非壞事。隔不幾時，卻來了幾輛工程機具，將蔗園旁土溝搭起模板，砍了幾株成蔭的大樹。令人稱奇的是，如此水利設施，竟發生在已經不需要引水製糖的糖廠東側。原來日本人為保障製糖的水源，在中崎溪中游做了一個控水匣口，每到廍動（糖廠舊稱為「廍」，「廍動」指糖廠動工）季節，就將溪水引進糖廠以利渦爐冷卻，而冷卻過渦爐的水，溫度升高，一則可當做員工洗澡熱水，用後還可放流到溝渠灌溉農田以興水利。而當流經橋仔頭街市時，便昇起一片氤氳之氣，係橋仔頭特有的風情。近年不製糖，卻還時興水利工程就讓人丈二金剛摸到腦袋也想不通，可能是因為年底將近，某機關預算消化不良，便花費數百萬將這裡變成水泥地。更奇特的是，工程進行一半也就沒了下文，應該是預算不足吧!?

原以為這水利工程是中崎溪生態整治工程的一環，鄉公所倒是否認在先，還在糖業園區發展座談會上斥責糖廠輕率行事，令整治河川的生態工法毀於一旦。糖廠員工驚覺有人在自家土地上施工，卻也一問三不知矢口否認，或者推辭可能是某某單位的責任範圍。最後有位記者打探到消息，說是水利局傑作。也不曉得真相究竟如何，只是每到鐵刀木花開的季節，滿徑的黃花鋪徑就難再見了。

事隔半年，幾陣春雨過後，被壓扁的甘蔗宿根居然又發出新芽。二〇〇四年颱風雨水特多，雖沒人照料，稀疏長大的甘蔗依然比人還高，若不細看，也難得注意到那堵顯得突兀又嶄新的蒼白水泥擋土牆。

◆

來年就要雞鳴，留學德國多年的國中班長王寶苑趁著寒假返家過年。應該是去國多年，特別思念家鄉的一切，召集了幾位同窗共議舉辦國中同學會的方式。近幾年來，我無意間成了一個駐地的連絡窗口，只因為似乎是班上唯一在地就業的人，同時又身處具有高度保存爭議的橋仔頭糖廠，偶爾因為議題操作而露臉，久之，總有機會遇到多年不見的朋友而彼此留下訊息。

長年待在橋仔頭這個鄉下地方，似乎挺不符合小生我自命的叛逆灑脫形象。當年導師規定全班要留下來晚自習，只有我一個人當著她的面堅定又從容地背著書包往外走；她規定週末週日要來補習，在下我硬是不願繳額外的保護費以虛擲光陰。雖然她打得翩翩少年混身沒有一天沒傷痕，小子也將她氣得不願參加畢業典禮，末了還是班長帶頭買了一大束花去央請出席。

老師們都說這小子不知死活好歹，就這麼成為導師室列管的大寇，真是有辱歷代草莽英雄江湖豪傑。同學們或以有膽識、夠勇氣，觀望好戲繼續演下去，就是沒人針對皮開肉綻的四肢提供些跌打損傷的秘方，只能日日以想要深藏不露的迷踪步伐來回匆匆，深怕父母見著便坐實了第一條不孝罪。想來此事足以調劑一下苦悶又無趣的聯考苦窯歲月，即至今日仍然津津而道。事過多年，有個小小心得便是「權益、尊嚴和自由是爭取來的，天上掉下來的通常是威權、壓迫，以及難纏的女人。」其實，不過是少年仔不服氣罷了，只是沒料到這人雖然有膽識去浪跡天涯，卻沒勇敢到衣錦還鄉那境界，而是不知死活好歹地留在鄉下地方，好像就這麼理所當然地該扮演這個角色。

時至今日，對當年升學主義下的暴政及人性扭曲依舊深惡痛絕，然而人不親土親，總覺得二十年後大家還有心相聚，甚是難得。當幾個人為場地、活動方式舉棋不定時，便領大家到三巷三號辦公室瞧瞧是否合意。對於如此幽靜又獨立的宿舍空間，一見，大家自是歡喜，也才驚覺自己在這裡混跡多時，總算沒有辜負同窗，只是已為人父母者，憂心這附近蚊子是否會太囂張，讓小朋友們遭到無情的攻擊。

看過場地，閒聊一會兒，大家略述了近況，漸漸將話題移轉到周遭環境。就在一輛火車轟隆轟隆過後，那過份顯目的高雄捷運水泥蹲柱引起了大家的好奇。鑑於同窗情誼，我將已經放送過千百次對於高雄新市鎮和高雄捷運的開發始末約略簡述一番，每個人都難以置信地微微張開口，低聲又無奈地說：「怎麼會這樣?!」

就像是老師公佈了答案後，大家才發現，原來教科書上的答案是有陷阱的。遠在德國的班長有點恍然大悟地說：「樹屋原來就蓋在那裡，難怪有人從美國寫 E-mail 問我說你同學在幹些什麼事，原來就是怎麼一回事。」他們的眼神顯然是好奇既然有一群人那麼拚命，事情居然還搞到這步田地？我約略說明台糖公司的窘態和高雄捷運的工程經費，以及高雄新市鎮當下的負債情形，他們也就清楚了大半。況且新市鎮係屬內政部營建署六年國建的十二項重大建設，雖然新市鎮開發停滯，橋仔頭糖廠也被劃為古蹟保存區，但是高雄捷運紅線卻是高雄市政府的重大建設，給錢的是中央的交通部，而台糖公司則隸屬經濟部國營會，但這一切發生在窮困的高雄縣轄區，對文化資產與環境保存議題一頭熱的這個民間組織已經撐了十年……不愧是優等班的學生，立刻就問我們怎麼有錢維持，但也清楚感受到這龐雜的利害關係和天壤之別的權力差異，所以也只是隨意脫口而問，彼此都知道這下文太過長篇大論，不適宜故友重逢場合，便報以一個無奈的微笑、雙手一攤，隨即轉了話題。

我想在談話間以有限的時間穿插比喻，試圖描述得清楚些，舉例如當年身為學生，將老師們氣個半死，雖然被老師打得半死，自己也羞辱得掉淚，甚至憤慨至流鼻血，但是也沒能幹掉升學主義之類。只是基於情感與認知的不同，這些故友們並不見得感同身受，於是再次確認相聚的時間後，便悠悠地將辦公室門窗鎖上。

總是南台灣冬天天氣宜人，像是巴黎的九月天，而舒服的日子過了一陣子便很難記起夏天荼毒火辣的太陽是怎樣的光景，比起北部的濕冷，辦公室前院的幾株香蕉樹不由主自地隨風搖擺起來。天空清爽而且藍，月亮五點鐘就掛在東邊天際，在家和辦公室之間蠻橫地穿過堅硬而沒有血色的高雄捷運水泥墩柱。施工已經一年多了，那一大片被割裂的西側林木儼然已被有稜有角的堅實混凝土取而代之，直挺挺的像個土霸無賴等待所有人接受這事實。太陽向西斜去，漸漸沒收了光影，提醒著趕工的朋友們，不論這個工程進度如何，總該回家休息吃口溫飽飯才是。

不知道為什麼突然想起岳飛這號人物，岳飛與金兀朮（真鬱卒）決戰，連得宋高宗頒發十二塊金牌，不但沒有國光獎金補助，尚且不能戰死沙場，竟在朝中喪命。想想也不意外，只怪他的對手不是戰場上捉對撕殺的敵人而是真鬱卒，連年奔波八千里路雲和月，三十功名塵與土，如此過勞，難免會死於勤快（秦檜）之手……（網路上流傳的冷笑話，會令人眼睛出現三條直線、冒冷汗的那種。）夕陽很美，我不想每天過得像關在玻璃瓶裡的蒼蠅，或許我該試著讓這美好的向陽微風真的很美好。

◆興糖路三巷三號在二〇〇四年平安夜之前還像是閒忙碌過度的競選總部，如今卻像是過份安逸的鄉村休閒俱樂部。辦公室的夥伴瑞陽和高個兒費了好些心力才將這破房子搞出一點閒適的氣氛來，換上了年輕又帶點頹廢精神的色彩，至少當是一個秘密的憑弔花園。牆上還貼著那張已經黃漬班駁的中英文對照「麥克阿瑟為子祈禱文」，是當年開放大陸探親，連夜奔回故鄉的林老師一家人留下來的。二〇〇一年為了辦理藝術村，我們意外闖進這個停格的場景，日曆還留著這一天一夜的振奮與微微的緊張慌亂，抽屜裡仍留有一九四九年動員勘亂臨時通行證、來不及收拾的細軟和懷恩教堂唱詩班的歌譜飄動著依稀可聞的音符。如今，構樹已經將房屋的地基悄悄頂起，左側兩株血桐也足以遮蔽西曬的陽光。光陰流轉，每個物件都喃喃自語著，多數來不及聆聽的，都成了過往雲煙，而些許被記憶洩露了故事的線索則成為「物語」。

有些生物或許天生不擅於在天上飛而比較適合在地裡鑽。在開挖防空洞的時候，發現土堆裡有兩、三處完整

而完美的白蟻窩，居然帶給人無比的欣喜。仔細端詳它的結構，真是一件令人讚嘆的藝術品。白蟻不只在樹幹上、在屋樑頂，就連荒棄的水泥牆面也可以看見它們徒勞無功卻奮力不懈所留下的痕跡。它們搞不清楚材質的區別，只是往上一直竄進，如果運氣好，就可以到樑上過個好年。經常，它們在牆上留下幾路跡象，來年又重新爬過，即便真的找到了一條路徑，只消人們稍稍用心看待，掃把來回幾下便可應付。想來對付白蟻的方式並不太難，只是靈長類沒有養成這種習慣。冬天它們就埋進土裡，來年秉持同樣原則再幹一回。

在鋸開枯木時，看見鍬形蟲的幼蟲，恰巧閃躲過電鋸的割禮；在十二月的季節遇見尚未冬眠的青蛇，在我午休專用的吊床旁令人驚駭地扭舞；在污濁的中崎溪，一大群不想引人矚目卻過份顯眼的高蹺鴴，不怕死似的在冒著泡沫的水中央覓食。我騎著登山單車，躍上西青埔垃圾山上鳥瞰這片土地，嘗試尋找一種具有獨特文化節奏與生活美感韻律的存在方式。「問君何能爾，心遠地自偏」，只好將心偏到大氣層外邊？在市地重劃後卻無力開發的刺絲網上盛開著槭葉牽牛和倒地鈴，比起菊花還多著幾份搖曳之姿，木然看著西青埔垃圾山。

我在這裡繞啊繞。在橋頭鄉第一公墓，迎接冬季的方式是用力開滿金黃色的王爺葵。旱地裡權充田界的大榕樹和五營旗飄搖著土地的靈魂，南滾水農場夏季鳳凰木盛開泣血的花瓣，有空前去憑弔的人寥寥無幾。

近年政府為了美化環境而費力地砍除高齡椰子樹和成蔭的印度橡膠樹，換成看似細心照料卻經不起一個冷鋒凍傷的小葉欖仁孤伶伶地站在顯得太過寬敞的柏油坑洞裡。聲稱所費不貲，以生態工法施作的中崎溪五里林段的整治工程，堤岸上的護欄以水泥佯裝成大型卵石，還裸露出鋼筋。不知是否是刻意裝飾以為斑紋，而比例顯得過份誇張的巨大水泥堤岸，上頭零散貼著鑄有各式鳥類的彩色陶磚，我想這就是所謂的「生態」與「工法」。

兩蔣時代，台灣號稱「自由中國」，自然是個既不中國也不自由的地方。澎湖六十四座島嶼，人說花嶼無花，貓嶼無貓，鳥嶼無鳥。因而，在橋頭有座竹林公園，尋無竹林一賢，連竹子也愈來愈少，就沒什麼好值得大驚小怪的。當年以竹為主題，扣合風土環境與生活意象的立意頗良善。闢設時，為提供運動設施而大幅縮小格局，歷經幾次城鄉風貌的改造計畫，並呼應在地文化特色，複製一座沒有功能的糖廠招待所磚造水塔，想必是為了彰顯糖業文化；中央廣場舖面更換了幾回不同材質，或許是隨著直排輪與越野車風潮更替而考量，至於將佈告欄以水泥鑄成傳統建築樣式並加上幾種動植物圖樣的陶磚，其關注文化之用心就足以令人涕泣不已。在砍掉椰子樹那年，草坪上多了兩株會發螢光的粉橘塑膠椰子樹和四座風吹不動的鐵製風車，自當是文風不動、慟表哀悼的永垂不朽。

我奮力騎著單車登上西青埔垃圾山，居高臨下北望一九九四年元月中央政府公告開發的高雄新市鎮主要計畫書第一期工程，看見這兩百多公頃的土地猶如遭土紳劣豪瓜分的荒野保護區，一塊塊界線分明，重要路口擺著厚重紐澤西護欄。雖然戒護森嚴，但由於開發至今已超過十年，當年內政部營建署國家六年重大計畫所設的外圍鐵皮烤漆板早已斑駁褪色久矣，號稱三十萬人口的都會可從來沒見過鬼影子。僅有幾個小區塊被升斗小民滲透，種了許多種季節蔬菜，以補充餐桌上的顏色。有幾塊區域被喪家用以燒庫錢給往生的親人，留下看似火

耕遊牧的地景，但絕大多數土地仍像是熱心回復地力所設置的自然保育區。臨近台一線，二〇〇四年新建的第一批透天販厝「麗景天地」，建築工人為一尾長達三公尺，成人小腿般粗壯的一條蟒蛇出外放風而驚嚇不已，幸虧消防隊即時將它逮住，又添了一樁消防隊員愛民解圍的軼事趣聞。

一九九四年十一月十日，橋仔頭文史工作室在鄉圖書館召開成立說明會，如今已過了二十個年頭。多少年一覺揚州夢，杜牧贏得青樓薄倖名；青春一覺社造夢，至今仍舊奇妙莫名。潮來自該還潮去，不如預料的事件發生過後，總有該收拾的殘局，一如所願的事件降臨的結果，總有另一番新局面的開端。歲月也許可以做一次盤點，將該庫存的庫存，將該回收的拿到資源回收站，將該進入博物館的編號典藏。焚毀與拆除當然也是一種相當便捷的手段，且不斷發生在文化資產保存與生態環境的處理態度上，因為見得多了，也就學得快。至於這其中滋味，就讓它從此包裹在膠囊裡，至於膠囊是否有些藥效，還得看是否對症下藥。博學多聞的朋友說，吃了會拉肚子的叫瀉劑，吃了會便秘的是止瀉劑，吃了一定狂拉肚子的是強瀉劑，吃了只拉一點肚子的叫緩瀉劑。

我拿這些材料合成一顆瀉劑，將消化不良的或來不及消化的一併發洩，攪動腸子相互絞斷，齜牙裂嘴、臉色鐵青地握緊拳頭，任憑渲洩的出口由灼熱而痲木，便可以感受到一絲絲真實存在的痛感。如果我沒有因為虛脫而委靡，宿便一併清理完成，或許會有一番清爽的重生快感。

犬的徬徨

二〇〇二年「WAC國際劇場藝術節」落幕。這場被喻為「戲劇界春天的吶喊」結束後，緊接著是一連串的春雨不停，來自世界各地的藝術家都各自繼續飄流去了。策展人查德（chad）和凱梅（kami）在母親盛情資助下，從希臘聖多里尼島寄來一張名信片，見那藍天碧海掛在懸崖上的雲白房屋，任誰也想要逃離這春去後梅雨不斷的場所。糖廠園區裡，整片樹林濕淋淋的，像是待在忘了關蓮蓬頭的浴室裡。梅雨不斷，結果旺盛的芒果變成了空襲的槍林彈雨，依慣例被松鼠奢侈浪費丟下來砸人的果實，如今全不勞牠們費力了。在一巷與三巷之間踩著泥濘往來，不僅擔心失足，更對掉落滿地的芒果戒慎恐懼。

在辦公室進出的流浪狗，鼻頭上總帶著過多濕氣。隨著斷續的噴嚏聲，竟引發一陣狗瘟，四、五隻收養的狗兒一一失蹤，只剩下視力不佳的「狗狗」蜷縮在桌腳下。猜想，是否因為春天的吶喊過頭，禁不起這熱情消散後

的清冷，一隻隻自我埋葬去了。五月，又發生中年男子在十五巷懸樑的憾事，讓眾人狂歡散去後更顯得淒清而詭秘。入夜後，風雨折枝的聲響配著芒果跌落爛泥的沉重低音，彷彿天空中的游魂騷動著——是南側第一公墓的陰魂不甘寂寞，紛紛跑來吶喊吧！淅瀝瀝的雨聲中，張裂的枝幹被一一折去搭舞台，咚咚的青澀芒果猶是一張一張被撕裂的入場券，開幕的號角響起了，燈忽然閃滅一下，促我速速離開辦公室。

天晴，已經是過六月的事了。地上的水氣歷經個把月才完全踏實。暑氣一到，樹林之外成了火燒埔，待在綠蔭的糖廠裡就格外感到幸福。雨季過後，有幾隻幼犬在春天催情的效應下出現在興糖路徘徊。野合是一種具致命吸引力的遊戲，使得宿舍區經常維持數量可觀的狗黨成群，躲過冬季被捕獲進補的考驗，度過後娘臉的春天，在半頹的木造宿舍通風層、在久未禦彈的磚造防空洞、在多年沒有收獲的蔗園裡，紛紛出現令人憐愛的狗仔兒，雖不識人世險惡地迷糊過馬路，卻已懂得見人便搖尾乞憐。

興糖國小一群參加過生態營的學生，下課時簇擁著他們利用營養午餐餵食多日的狗仔兒期待我們認養，因為他們的行為遭到老師們嚇阻，轉而希望看起來比較好商量的我們能夠認養。孩子們沒有計算到結紮、預防針、跳蚤、牛蝨會亂跳的負擔，以及不慎咬傷大人、小孩的賠償責任歸屬，只見一個個露出悲天憫狗的純真誠意，剎時不知道如何下個兩全其美之策。

在一連串喪狗的遲疑和部分大老們對狗兒隨意在辦公

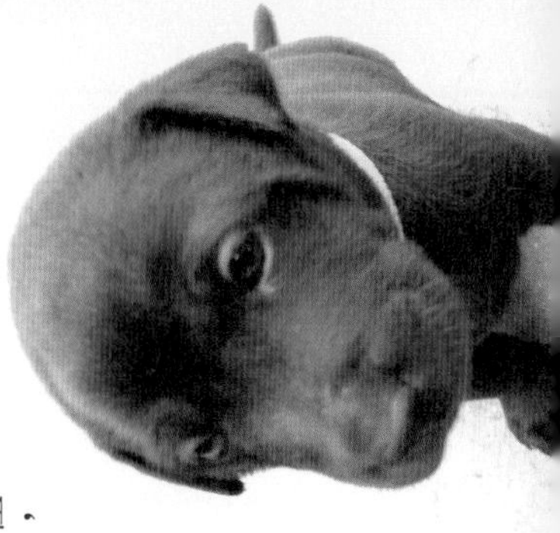

室進出的排斥下，雖眼看著狗兒一隻隻離去，卻遲遲無法決定該不該再收養牠們。直到有一天，「小熊」未經許可兀自跑進辦公室，一派自在，沒有絲毫生澀；金黃毛色、圓圓胖胖的憨厚模樣，叫人一眼就聯想到將赴朝陽唸研究所的「大熊」。當是睹犬思人，「小熊」成為第一隻重新歸建的新生代。

不幾天，兩隻小黑狗在門外徘徊，工作夥伴小魚見其可愛，問我是否要收養牠們。當時大頭狗手機吊飾正流行，這對小黑狗姐妹活像被製成布娃娃的拉不拉多犬。鑑於對遺失手機吊飾的悼念，便名其為「拉布」及「拉多」。阿爸見此風不可長，自做主張地將牠倆移送到台一線西側的蔗園自生自滅處置。雖稍覺不捨，卻也認同阿爸做了一個理性的大人決定。沒料到幾天後，姐妹倆通過物競天擇的挑戰，又出現在辦公室。這回吩咐小魚詳加照應，以免又遭他人理性處置。不幸「拉多」因多日營養不良，過馬路時反應遲緩而亡命在刻意迴避的車輪下。日後「拉布」成為藝術村的狗明星時，眾人對其花名總是有點著新奇，此其名之由來故也。

小熊和拉布的成長為辦公室帶來喜悅，長日來帶點陰濕的氣候也被牠們夾帶進來的陽光取代。相對於餐風宿露的狗黨們，牠們睡的是乾爽的木板空間，白天大方地躺在裁剪整齊的草皮上，吃的是小魚精心調配的飼料，毛色亮得會閃光，一黑一黃各領風騷。狗狗則因躲過那場瘟疫肆虐又不與人親近，被視為具有巫術的神秘女郎。不久，小黃突然精神抖擻出現在一巷一號，貌似依錦榮歸遊子。真是不曉得牠這陣子跑去哪處花柳叢裡風流快活，還是歷盡波劫，僥倖撿回一命。

小黃是狗群中唯一的壯丁，歸隊後立即成為狗黨的領導者，橋仔頭文史協會在糖廠的領域也顯得更加明確。牠們毛色光亮，項前掛著打過預防針的動章，白天在整齊的草皮上曬日光浴，經常在泥地裡打滾且自由進出辦公室耍懶。當小熊和拉布長大成為青少年後，小黃似乎在夜間刻意訓練牠們的野性本能。當隔日的陽光照在地面上，狗黨們總是散佈辦公室戶外，以令人嫉妒的舒適姿態橫躺著，後面巷口散兵游勇狗群則以招待所為界線，甚少侵擾。小黃操持家務外，總是喜歡跟著人到菜市場蹓躂，牠會很有禮貌地坐在郵局門口，甚至在理髮店前等待人事已定後，陪伴我們回到糖廠。

小黃如此放浪灑脫，因性格而致的後果也屢見不鮮。有一回跟隨我們過大馬路，被闖紅燈的汽車攔腰撞上，哀叫一聲後，立即往回跑。那敏捷的身影讓人以為牠並無大礙，隨後卻不支倒地橫掛在縱貫線鐵路上。幸虧遇見從岡山回程的小魚救了牠一條狗命。當狗大哥的地位確定後，小黃夜間勤於外務，經常和後巷那群野狗進行社交，不幸卻帶著「菜花」回來，好一陣子精神委靡；夜裡牠傳授小熊和拉布狩獵技能，而白天在辦公室外頭空地，常可以看見遭殃的蟾蜍和小蛇。

二〇〇三年初，剛出生的四隻小黃鵝被發現橫死在芒果樹下。不久，養在樹屋下的一對鵝爸爸和鵝媽媽也陳屍在清晨的樹蔭下染紅黃土地。終於引起公憤。見眾人議論紛紛，小黃膽怯地縮瑟在角落。眾人隨即將牠綁在樹屋底下，歇斯底里地揮起竹枝執行私刑，從此奪去牠的威風。

小熊和拉布一起長大，成天跑來闖去，成為大家注目

的焦點。小熊成犬後，脫去圓滾滾的身材成為俊美的青年，倒是拉布一點也不像拉布拉多犬，長成一副無賴模樣。小熊平日喜歡在草皮上曬太陽，拉布則是趴在水池旁撈魚；小熊自我意識頗高，遇見陌生人總是視若無睹，像是自視甚高的主人；拉布自我意識更高，總是不動如山地躺著，且賴在眾人必經的位置，叫不走、拉不動，綽號是「拉不動的拉布」。牠們倆過份鮮麗的毛色，讓人不禁憂心冬天來到時，是否會遭狗肉朋友的毒手。

在橋仔頭糖廠寬大的園區裡，似乎就該有幾隻狗的陪伴才顯得適切與親切。初來新到的實習生和狗兒打成一片的速度，比跟人熟識信任的關係發展快上許多。駐村藝術家到此僻遠鐵道倉庫沒日沒夜地趕工，狗群們前呼後擁，比我們熱心留下手機號碼更讓他們放心許多。精心策劃的活動或許不是場場精采，但是表演天份極高的牠們總能引起眾人的喝采，不論是耍賴還是相撲、插科打諢或無厘頭。二〇〇一年，金木善三郎（一九一九年任橋仔頭製糖所所長，一九二九年病逝於任內）第四代孫女遠從日本寄來三本家族相簿，裡頭有幾張日本婦女在聖觀音祭典或社宅事務所聚會時的合影照片。正襟危坐的人群中，也總有三、兩隻無視於人的規矩，或坐或臥的狗兒。不明白牠們是否要以行動證明自己的存在，還是在質疑人們未免太無聊？

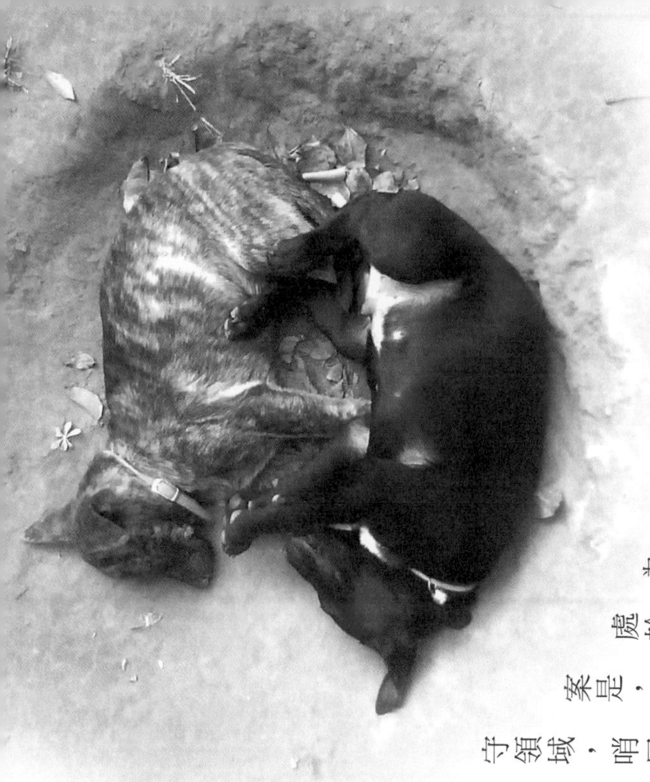

看到小熊和拉布老是被人拿著照相機傻笑地對著猛按快門，不得不讓人佩服糖廠狗兒的歷代優良傳統。有人好奇，為何這群狗白天總是處於休眠狀態？官方答案是，牠們入夜後會排班固守領域，哨口從縱貫線一直沿著興糖路到協會辦公室。除了狗狗是不出門的閨女外，依照輩份，以及新來舊到，愈得寵的愈會守在辦公室周邊。只要晚上有人帶宵夜來或是宵小闖入，車子一轉近，糖廠就有狗侍從跟著。外國藝術家到台灣駐村時間不長，所以經常待在工作室整夜創作，他們對於狗兒為何白天意興闌珊，提供另一個跨國界的深度觀察：「The dogs fuck all night!」春情的叫聲肯定驅散許多凝結在幽暗樹林裡的陰魂，但也導致熬夜創作的人精神不濟。不少人白天看見牠們嘴角微揚，肆無忌憚地躺在陽光下擺爛，總是自語喃喃地說這狗兒們生長在這裡好幸福。

小黃在弒鵝風波後喪志好一陣子，偶爾回來探探風聲，也不太敢靠近，特別是對牠施加毒手的人。忽然間，多了一隻黑狗在餵食時間準時報到，好奇地瞧牠一眼，牠就自慚形穢地低頭退縮，像是失業又藏不住肚子的中年人，默默地加入夜間站哨工作，認份地守在最遠的一端，以持續的刻苦耐勞換取認同，得了一個識別的名字叫「阿肥」，於是，又添了一隻母狗。

二〇〇三年藝術節期間，一隻成犬迎面而來，殷勤地趨前搖尾示好，一副和大家很熟的模樣，特別是拉布。突然多出了這位雄糾糾的壯丁，小黃的雄性氣概全都被淹沒了！這位黑狗兄顯然曾經受人寵愛，懂得不少家居禮數。只是禮多必詐，我們懷疑那是拉布勾引來的奸夫。牠的體態極好又曉得玲瓏對人，比起才剛跌斷腿的小黃，自以為是青春少年兄地在協會領域裡顧盼自雄。只是初次照面，未免顯得過份阿諛，當場被踹回去：「跟你很熟啊！」偏牠是鍥而不捨的堅定偷情漢子，經常和拉布打情罵俏，又對小黃突擊示威意圖篡奪治權，臉上半邊白毛叫做「黑白郎君」。

「黑白郎君又來了！」「一定是黑白郎君！」小黃成了浪子，偶爾回家探望卻懷著怯於進門的心理障礙。藝術節開始時，高雄捷運路權範圍也大致被剷平，往來的人事愈來愈複雜，原本還靜謐的空間環境開始打架，搞成一團不知道要燒成什麼模樣的大雜燴。狗狗一向不理世事，一貫只在協會範圍裡依照牠的節奏安靜地往來，是一位獨處又自律的小姑。看著牠，感慨人間煙火不食如此，居然也多一份寬心。阿肥這隻天兵老狗在興糖路不知為何而忙地跑來跑去，看不出牠到底在張羅些什麼，只是臉上一直掛著憨直無辜的表情。拉布和小熊太陽曬到舒服會四腳朝天，甚至用腳要求人家對牠們上下其手。那種舒服到不禁呢喃的姿態也當是暫時逃離人事紛雜的方法，至於出氣的手段，則待黑白郎君出現時，狠狠使出一個側踢或前踢，但牠總是機靈地閃過。

黑白郎君愈來愈荒淫無度，甚至白天也見牠和母狗群們屁股連在一起，白色半邊臉隱隱有墨色的眼眶出現，即便我們一直沒有承認牠是辦公室的狗黨，不過牠來此之前脖子上已經別有項圈，這適足以引起別人的誤判。以人的角度看待這隻「人前擺狗樣，人後玩花樣」的油

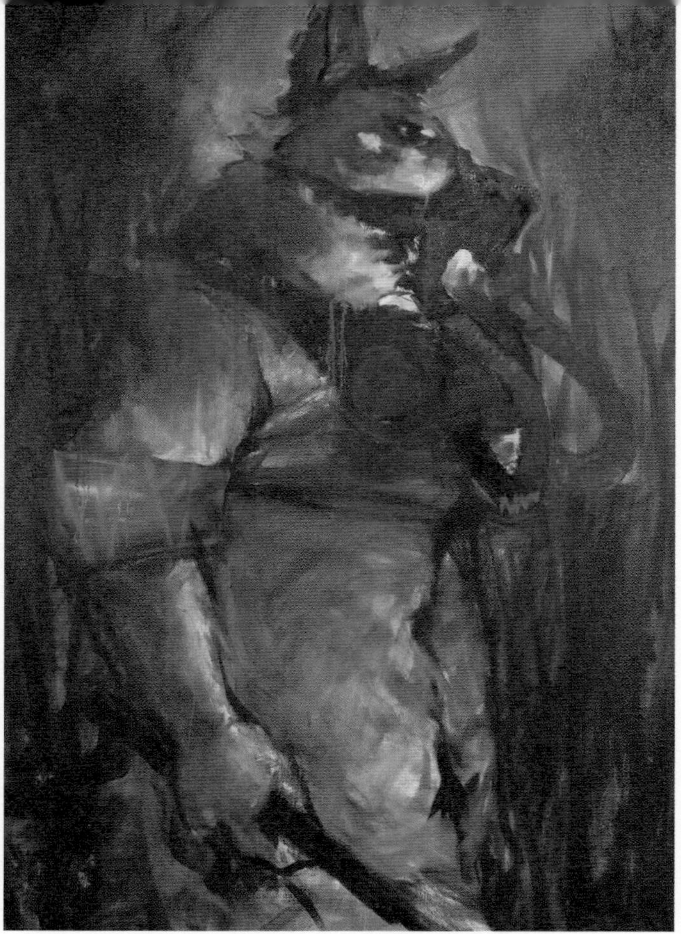

滑個性，趁著人事紛忙，沒有時間好好執行有效的驅離，致使牠坐實了寨主的位置，為所欲為。待藝術節結束後，拉布幾乎已經和黑白郎君成為奸夫淫婦的典型，一副想要復辟獨裁的模樣。我們一致認為拉布只是黑白郎君奪權計畫下被玩弄的角色而已，於是不約而同展開對抗黑白郎君、搶救拉布純潔靈魂的行動。

「走開啦！」是姑娘們區分敵友的溫柔方式，有時還會「啊！」一聲受到黑白郎君誤解的激情伏撲。為解此一危難，四周的土地武裝起來，石器無論大小，棍棒不分粗細，凡有物資皆成為有效嚇阻武器。情急見著往草叢裡空抓一把，身軀曲弓成一個呼嘯狂飆，草木皆兵。藝術節結束後，好一陣子等待結案與安排解散的光陰裡，此事成為可供心情發洩的聊賴。

二〇〇四年過後，小魚帶著小熊離開協會，小黃逐日在姑娘們的善意照應下回復往日氣概，辦公室剩下四個人四隻狗。二月底，高雄捷運路權範圍除卻三巷路底已經完全封閉，最後一批移植的老樹就要隨著拖吊車離去，近月不見的黑白郎君鼻頭帶著濕氣出現在挖空

的防空洞地基旁。央請獸醫外診施打藥劑，希望救牠一命，更擔心狗瘟再度流行。二月二十八日遷移防空洞的最後一天期限，百米外的台一線道路正在手護台灣，遭砍除的樹林只餘頹敗樹頭，舊興糖國小則演成一片戰後焦土，對照幾陣冷鋒和偶然揚起的黃沙，黑白郎君兀自立在防空洞的軀殼前，默默的，蹲坐在那裡，看著樹科大的學生 Mike 和 Banana 搬完最後一批磚塊；靜靜的，不在意火車怪手的生硬騷動，任憑我用相機按下幾張蕭瑟的身影。

當獸醫第三回要來打針時，黑白郎君已經不見踪影。二〇〇四年春天不似前一年多雨，滿地掉落的芒果全是松鼠惡意遺棄的果實，藝術村第四期竟得以在匆忙中順利開展，春光有餘還能外露，以「村光外洩」名之。拉布的習性經媒體報導後依然故我，狗狗繼續披著牠的大捲髮當大閏女，阿肥還是搞不清楚狀況抖著有點笨拙的身軀，小黃仍舊得到後巷去從事社交工作，只是眼神帶點熟慮的圓融。至於那隻令眾人驚豔不已的白色秋田犬，帶著典型狗腿性格被納入狗黨的「短腿花」，已是「村光外洩」的後話。

鳥榕與雨豆樹的愛情故事

二〇〇一年發現球場路旁的雨豆樹上垂著一握粗的榕樹氣根，約莫有七、八公尺長。平常倚在壯碩的雨豆樹幹上不易發覺，偶爾興起，將他拿來把玩，模仿森林王子在空中擺盪的快感。進行戶外教學導覽時，小朋友經常一圍上去就玩瘋了起來，熟練後，更開始出現令人擔憂的花式動作。久之，便不再刻意打擾他，如今他已經牢牢釘在土地上，反倒開始為那株雨豆樹的未來擔憂。

鳥瞰這片充滿綠色氣息的土地，看似和平卻潛在著步步為營的生存競爭，尤其榕樹無時不刻企圖要奪回這塊他原生的土地，磚縫間、屋檐下、溝渠旁、樹枝上，紛紛出現伸長著密佈的網絡氣根；水泥地板裂成裝飾般的碎片，鐵條像是消化一半的捲心酥，白千層和尤加利樹也已成為他懷抱中的嬰兒……在還沒有遇見那長得滿枝密密麻麻的隱花果頓生一陣讚嘆和雞母皮之前，沒能體會榕樹無所不在的神聖魔力。

在這座島嶼上，無論富庶之地、貧瘠之野，無處不見榕樹。此樹不僅可以當盆景賞玩，也可以成大蔭納涼；可以長得幽靈莫測以供編寫神鬼故事，也可以卓然特立被奉為企業形象。在植物分類上，一般所稱的榕樹和雀榕其實是不同的，不過他們一樣藉由隱花果吸引鳥類覓食傳播，憑他們與鳥的相互勾結，請容許我以「鳥榕」概括稱之。

我們使用的文字，慣將台語的「榕」音寫成「松」，「烏」音對照為「雀」，所以因雀榕而名的地方，便寫成「烏松」。「榕」與「松」是兩種性格殊異的植物，古書說：「松柏後凋於歲寒」，可是在台灣的榕樹從來不凋，倒是雀榕的葉片與果實會不定時全部脫落，以排除蟲害促進新陳代謝，頗有一種果斷重生的氣概。我無意附會「松」與「榕」兩者的性格與象徵，不過如果在路旁看到「松樹下」的招版，讀起來便充滿台語發音的草根氣息。若是寫成「榕樹下」，感覺是指涉那一棵余天唱紅的溫情抒懷版。只是「松」字雖與榕樹的台語發音相近，總覺得字意與想像上容易混淆，而且無法完全呈現榕樹語音的那一份野生氣概。就會意造字方式來詮釋，「容」字卻足以表述其樹「兼容並蓄」的能耐，不過台語的音意還有點對其生命力讚揚的味道，或許加個「乘」字邊才足以描述其勒纏的「上乘武功」。

烏榕

桑科（Moraceae）榕屬（Ficus），又稱雀榕、赤榕、山榕、烏尿榕、紅肉榕；普遍分佈於台灣全島各地低海拔地區，包括市區及郊野。落葉大喬木，每年落葉二到四次，全株平滑，具有氣根。果實是鳥雀的最愛，每當紅褐色具白斑的果實成熟時，就是眾多鳥兒最興奮的時候了！

一九九六年高雄縣農業局進行調查列管境內的珍貴老樹，整座糖廠竟僅有招待所前兩株老榕樹被登錄。我趕忙請前來登錄的人員眼睛睜大一些，看看周遭足以參天的樹木有多少，只因高雄新市鎮這個荒謬的開發計畫無視於園區內其他相對稀少樹種的老樹，諸如：樟樹、茄苳、蘋婆、緬梔、鐵刀木、雨豆樹、羅漢松……真讓人有點哭笑不得，更沒料到平時難為所貴的鳥榕居然在糖廠這番區域開發定位差亂下脫穎而出！相對於各地因都市開發而遭到滅門的同伴，真可說是命格強韌、八字夠重，或許植物生態亦可以風水觀點來解釋其際遇差異。

由於專注於橋仔頭糖廠建築風貌的維持以及園區內多元的植物生態環境，對於鳥榕的無所不在竟由然而生一份仇視態度，瞧見建物上有綠葉出現便生除之而後快的衝動，甚至拿著電鋸修理他們，強灌他們喝巴拉松。將古蹟區至今操作定位不明、歷史建物逐日崩壞、多元樹種日漸遭到生存威脅的無能為力，找到了出氣的對象。

二〇〇四年為了延續藝術村計畫，只得在久無人居的二巷十四號重新來過。對於台糖公司可以理直氣壯且萬般刁難才大發慈悲地將久無人居的單身宿舍提供藝術家進駐，一干人等莫名其妙！搬走破碎屋瓦、砍除盤根錯結的鳥榕樹根，一一清走站滿周圍的血桐、構樹，才勉

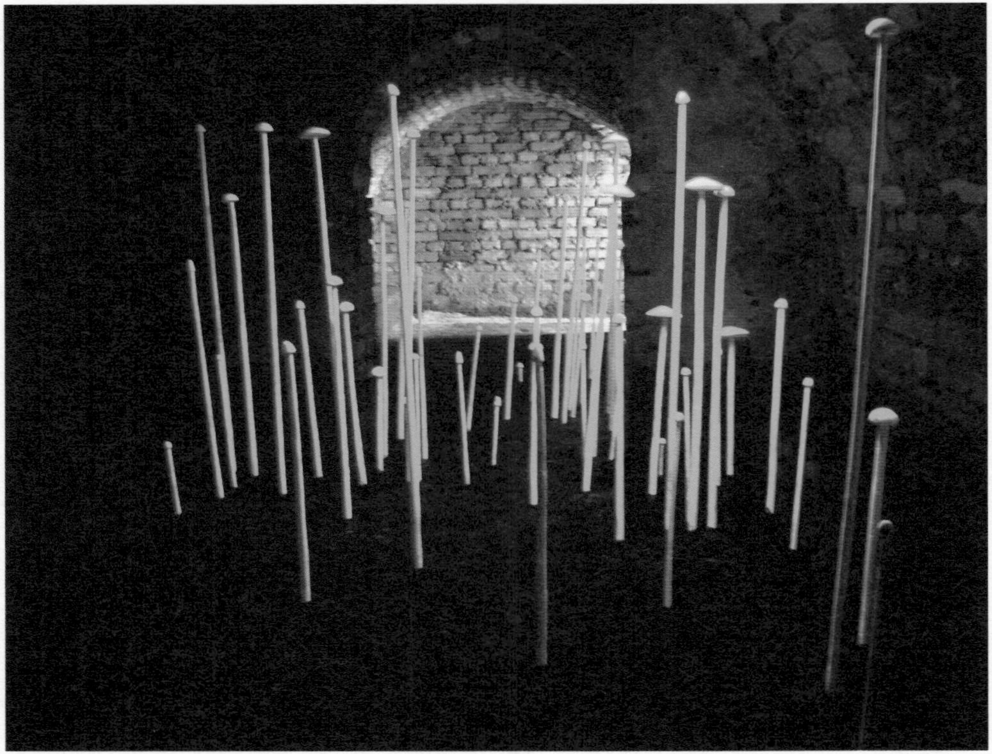

強將原本已成為少年家的毒品注射室變身成另類陽光通透可供藝術創作的展示空間。鳥榕網狀盤結在門旁那株雨豆樹上，順勢攀附，很輕易就可以在高大的雨豆樹上納涼。我們以人的尺度將鳥榕肆無忌憚的披頭散髮整理成循規蹈矩的陽光少年。

坐在離地三、四米高的雨豆樹與鳥榕之間，俯瞰二巷十四號多年來被風雨與白蟻親臨的斑駁木桁架，破落的衣櫥裡擺著的有點走調的民謠吉他，二十年前的王女明星也還在牆上貼著。春天的日光灑落下來，枝葉騷動與桁架層疊的倒影在一間一間狹小的隔間裡跳躍著。抬頭望著藍天，鳥榕伸長著一支一支彷彿指向空中的高射砲，白晰的氣根牢牢包裹著雨豆樹割人的裂片樹皮。

此一景象對照一高一矮的單身宿舍，成了有趣的呼應。經過一番打扮，二巷十四號兩幢單身宿舍名為「情人屋」，而這株緊緊纏繞著雨豆樹的鳥榕便成為「村光外洩」的地標。還記得藝家徵選審查會議當天，審查委員屏東縣文化局洪萬隆局長和石光生教授第一次走到二巷十四號時的那份難以置信的眼神。我想在藝術家還沒有進駐工作前，任何人都會覺得這裡還是比較像毒品注射室吧，即便這還是經過個把月整理出來的樣子呢！沒辦法，我們就是這樣對待藝術家的，希望他們能夠體會雨豆樹和鳥榕之間，不是險惡的生態鬥爭，而是浪漫的愛情故事。

雨豆樹

豆科（Fabaceae）雨豆樹屬（Samanea），別名雨樹；大喬木，株高可達廿公尺，樹皮有剝落木栓層，灰褐色，冬季時會大量落葉，樹冠很大，可達十五公尺，樹形優美。

構樹先鋒部隊

偶爾閒散踱步到帝仙宮，瞧瞧這座逐漸被方格販厝包圍的廟宇不一樣的建築曲線。帝仙宮在我上小學的時代重建，每天徒步上學經過廟埕，看著陳放在埕上的眾多石柱在師傅手中，一刀一鑿生出各式人物和盤龍飛鳳的神態。幾回壯膽跑進工地看師傅們工作並試著聊上幾句，或是撿些剪黏的彩色磁片和刻花的小木頭，覺得挺有收獲。

廟宇歇山式的屋頂曲線是水泥灌注的，前方兩座活動中心屋頂費了功夫讓板模翹起來，仿彿這樣才不失神聖的味道。雖然建築材料不同，廟宇的樣式倒還見得著許多富含意味的形式。時間一久，隔離南溝的仿竹欄杆倒是褪了不少顏色；廟的右前方成為清晨菜市場和社區活動中心，左邊的一幢名為建成醮紀念館，隔離了廟前的榕樹。每天清晨的菜市場總有不少居民往來交易，漸漸地，南溝加蓋後多出幾個店面空間，榕樹下也自成一攤販賣場。盛夏走在這樣的空間裡，便覺得那幾棵從南溝

溝壁裡冒出來的構樹特別清涼。

南溝，即是《鳳山采訪冊》所載的仕隆圳。橋仔頭糖廠設立後，典寶溪的水源被會社從上游壟斷以確保製糖水源。會社攬水主要用於冷卻渦爐，但這並不妨礙農業灌溉，製糖期間尚且帶點熱氣和蔗香。水流到橋仔頭街道的匣門分流為北溝、中溝、南溝；南溝流經人口較密集的仕隆地區，未加蓋前的南溝路，溝渠面積與馬路相當，深度也相當。童年時代，走在路上總有一股驚怕跌落冒煙深淵的恐懼存在。有幾回我不得不到溝底去，通常是為了撿拾某些新奇的東西或大肚魚，還有打出界的棒球，撿過最重要的東西則是自己的書包。

下到溝底撿東西，多少得倚仗溝旁的小樹以免失足，那些小樹，想來多是構樹。之所以好奇他的名字，是因為他總長滿橘紅色的果實，在沿著帝仙宮唯一一段未加蓋的仿竹欄杆前，吸引許多麻雀分食叫噪。倚著褪色的仿竹欄杆，看著淺淺的潺潺細水，心裡盤算著這樣的空間美感何等難得。

沿著南溝兩側應是水利保留地，帝仙宮後方是一塊完整的三角公園，建成醮紀念館後方則是都市計畫的公園預定地。若是沿著南溝規劃一個可以徒步的社區公園，應該可以讓帝仙宮廟埕空間免於日漸被周邊建物和零散商業行為所割裂，同時也可形塑見證地區發展的優質空間。這是一九九六年我美好又天真的社區營造見解。

當時跟我一樣，每天在社區閒逛，不事勞動而有正當理由的，還有村長伯。偶然相遇，我向他提出了這樣的構想，並表示願意協助提案，更列舉了許多政策補助項目，希望這樣的想法可以挽回一點綠地，並以新的工程概念爭取政策補助，或可稍緩近年來不斷擴張的停車空間和水泥工程。但不到半年，一所幼稚園便在這塊公園預定地蓋起鐵皮屋且開始招生，那一小段露天溝渠也成了停車場。後才瞭解，這塊公園預定地是村長伯的，至於水利地應該是公共設施保留地這回事，根本比不上大家停車做生意顧生計來得重要。至於構樹？隔壁註生宮的整片花圃樹林都能毀掉蓋涼亭，誰還需要那種長在溝壁而到處都是的「敗家樹」!?

構樹

桑科（Moraceae）構樹屬（Broussonetia），分佈於台灣全島海拔一〇〇〇公尺以下地區。構樹為落葉或半落葉中喬木，樹皮灰褐，富纖維素；小枝有毛，無乳汁；植株全體有乳汁，可製糊料，乾燥加工後可製金漆，木材則可作板、薪炭。樹皮是著名造紙原料，可製作宣紙，甚至可以拿來當作鈔票製作原料，嫩葉則鹿的最愛，所以又叫做鈔票樹、鹿仔樹。

構樹，又叫「鹿仔樹」，因為梅花鹿喜歡吃，至今仍可看到酪農在路旁滿載而歸。除此之外，構樹對於各族群都具有相當實用功能，可以造紙、可以做成布，更是台灣作為南島語族發源地的證據之一。這麼值錢，卻沒料到沒能在趨利的人眼中保有生存餘地。構樹還是開發地區的先驅樹種，也就是修補土地的先鋒部隊，至於他叫「敗家樹」，我則有實際體驗。

事情是這樣的。二〇〇一年第一次在糖廠試辦藝術家進駐計畫，當時要走進三巷三號一定要有支拓荒的柴刀，否則難以穿越這個已將空間權力回歸給自然十多年的場所。但又怕撞見睡午覺或散步的爬蟲類兄弟，於是叫來一台山貓當開路先鋒，耗費一個上午才讓這片原生樹林躺平，然前後各留一株已經高過屋頂的構樹，聊表對他們守護土地的敬意。不久，三巷三號正式整修工程開始，後院那株因擋住入口和水龍頭，只好略帶歉意地請他回歸土地。而在正門前，從花圃裡長出來的那棵構樹，則被我們一干文人的詩情作用下給留住了，同時也留住四號花圃的一株，因而也和生長在兩幢房屋花園之間的血桐，構成一幅對稱又茂盛的原生風情。

直到二〇〇四年，發現三號入口地板龜裂隆起、硓𥑮石花圃也開始鬆動，才曉得他敗家的速度和毅力。推動四草鹽田生態文化村且博學多聞的建築學者盧建銘說，房屋如果沒有人居住，首先長出來的就是構樹和血桐，而如果這樹高過屋頂，就表示「這口灶」已經沒有能力

維持，此之謂「敗家樹」。依我的經驗，顯然構樹敗家的能力還比血桐棋高一著，因為他所選的戰略位置比血桐還要險惡許多，支撐力道也比血桐來得帶勁。這才恍然明白後院的水泥地板何以隆起，真不愧是先驅樹種，也即刻消滅了我的詩人情懷。

為了拯救這幢年老的房屋，夥同盧建銘，我們合力以不專業的拙劣手法截斷了他的生機，並請擅於整樹的三姊夫做成一張構樹板凳擺在三號前，偶爾坐在上頭發呆或思索生態與人文鬥爭的哲學。

自從兩株構樹變成一張板凳後，以為已經成功阻止構樹繼續深入破壞的地基，沒料到只因無法拆掉房屋將其連根剷除，他便一再長出新芽。為守護這間未經結構安檢的老房屋，我們只好一再拿出柴刀清理門戶，但對於構樹強韌的生命力還真是既感慨又感動。有一回與盧建銘路過旗山小火車站——這座保存與拆遷雙方爭議十多年的台糖五分車站，年來遭逢三次縱火，維修工作挫折不斷，甚至連放火也不能順利，這使得陷入兩造爭執的文化官員都頭痛不已。

「如果當年他們懂得運用生態工法，多種些構樹和血桐，就不必費心放火不成和浪費社會成本了。」是啊，身邊隨處可見，我們卻忽略他們的能耐和價值。夜裡風涼，我們這樣對話著。

血桐，在地的魔神傳奇

走進閒置多年的宿舍區，可以看見一片成林的血桐。血桐葉子淺綠透光，即使枯萎後也黃澄乾淨，比起構樹葉子深色暗沉帶點毛茸茸樣子，兩者站在一起，就像羅漢腳仔帶著清秀的小孩子一起流浪。而構樹有時果實掉滿地，便活像一個胡亂扒飯的流浪漢，不修邊幅。至於血桐的花穗則長得細緻淡雅，風吹過，好比小孩子嘴角不經意飄出去的餅屑，帶著笑意。

二〇〇三年五月，三巷三號經歷一番重新佈局後成為辦公室，原本用以掩蔽臥房私密的血桐樹，變成辦公室窗外的遮陽傘和綺麗風景。於是我們每天進出之際，總會花點時間端詳她的風情。辦公室的姑娘們以為「血桐」應名為「雪桐」，或因其樹幹上斑紋白晰，枝頭綠條似簾低垂，每當風起則姿態輕曳，花絮紛飛，正如《世說新語》中「未若柳絮因風起」形容雪景之句。辦公室前的血桐的確長得乾淨清朗，過於旺盛的枝椏稍加修整，就顯得脫俗婷立，待姑娘們明白「血桐」所以名之，是

取其樹液顏色如同血液一般，不禁有點小小吃驚，好像窗外的景致多了一份淒涼。

橋仔頭糖廠曾在一九九六年進行過一次大規模宿舍拆除，這使得血桐明正言順地進入糖廠住宅區。近十年來，有些空間被居民整理成休閒花園，有些取水方便的地方則出現菜圃，宿舍區的林蔭道路則成為慢步運動場所。

橋仔頭文史協會創會理事長施瑞昌老師以他的腳程計算過，沿著十巷到十四巷跑一圈，距離正好是四百公尺。從此，他將慢跑地點從興糖國小操場轉移到宿舍區，原因自然是因為自然。每到黃昏，便會聚集一群運動愛好者在這裡伸展手腳。跑久了，施老師發現血桐的樣子一會兒像鰻魚，一會兒似笑臉，有時候像怪獸的嘴角還漬

著血色。

血桐林在陽光消翳後立刻換了一種顏色，清朗的透光綠影變成層層疊疊的黑影搖曳。半夜會有刻意闖進血桐林裡的房車，將方向盤埋在路的盡頭，只反射出淡微的紅色煞車燈，不解風情的人肯定會誤以為是鬼火。宿舍區牆外便是橋仔頭第一公墓，牆裡牆外都是血桐，作家王家祥肯定領受到這份鬼魅秀清的氛圍，寫就一篇興糖路淒美的魔神故事。二〇〇三年某日，一位原住民出現在熬夜的辦公室窗口，詢問宿舍區是否有房屋可以出租，因為這裡好像他的故鄉。體態健美的中年男子語氣誠懇，仍舊嚇壞了經常熬夜的年輕女子。有幾回我在宿舍區閒晃，依稀看見那位她們口中形容的中年男子。「血桐」，聽起來帶點血腥氣味，倒挺適合衍生傳奇故事。

血桐

大戟科（Euphorbiaceae）血桐屬（Macaranga），分佈在台灣全境及蘭嶼濱海、平地至海拔一〇〇〇公尺以下區域。枝條折斷處，髓心周圍和樹皮汁液氧化後會變成紅色，狀似流血，所以稱之為血桐。血桐在陽光充足下生長迅速，因而木質鬆散輕軟，可供建築及製造箱板用；早期農人常採血桐葉餵養家畜，種子亦會吸引許多鳥類、松鼠前來覓食。

二〇〇五年農曆年過後，決定到蕭壟糖廠一趟，因為周邊不少朋友基於不同動機參觀「世界糖果文化節」後，傳來各種不同情報，從票價落差、塞車情況、巧克力蛋糕價錢，以至劍湖山的遊樂設施、展示內容與空間改造方式……等，不一而足。雖然我的興致不高，但朋友們好像覺得我有義務去進行一番巡禮，只因為這麼多年來，我對於糖廠的空間再利用曾有若干意見和實驗？或是我們曾在二〇〇一年提出同一名稱的計畫構想，卻無緣在橋仔頭糖廠執行？總之，天氣正好，只當是去戶外踏青。果然，原本棄置的倉庫在大筆資金挹注下，變成一間間富饒趣味的展示館，加上洶湧的過年人潮，居然至今不見大量消減，儼然是一場成功的觀光消費盛會。

任何節慶活動，不論名義為何，吃喝玩樂必是重點。建醮進香吃流水席、看野台戲如此，婚喪喜慶擺宴席、唱卡拉OK如此。我也喜歡吃，在寒流時停陽光時現的南台灣初春，不論是太冷吃烤香腸或太熱吃涼冰水，都是一件好事與享受。聽說這些倉庫都是在極短時間趕工完成的，倒也不要吝於給予某些空間創意由衷的讚美。只是光只有這些倉庫群重新粉裝登場，總覺得失去製糖廠完整的生產與生活空間氛圍，倒是五分車鮮麗的色彩，加深了不少遊樂場該有的歡樂氣氛。空地裡依照節慶門面需要，鋪了新移植的盆花和草皮，就像童畫故事書畫的一樣，配上新奇的遊樂器具就更夢幻了。要不是太陽太大，顯得不夠舒適外，所有人已經盡最大可能在壓迫時間下完成一個大型的樣品遊樂園。

在糖業生產年代，一座製糖工廠總有十來條五分車鐵道以應付運輸需求。如今甘蔗生產杳然，五分車只得充當遊樂器材，藉由節慶行銷引來大量人潮來搭乘。在一條熱絡排隊的五分車道外，顯得過多的鐵道群出現高過人身的血桐樹林，嫩綠地在陽光下輕輕地群舞著。若非製糖廠關閉，他們大概也無緣如此整齊地出現這裡，並成為視線焦點；若非只是個臨時性大型節慶，他們應該也會被名門正派的樹種取代。總之，或許因為權充綠美化的一份子，如今他們快樂地站在那兒搖擺，即便沒幾個人注意到他們，卻帶給我莫大的歡喜。獨自幻想著，幾年過後，這血桐長成淒美的故事主角，寫就一部屬於在地的魔神傳奇。

苦楝，典寶溪畔的美麗記憶

刺絲網包圍著，被重新劃分的整平甘蔗園。在人們還沒有力氣蓋起安身立命的房屋之前，苦楝樹倒是先冒出幾株青綠，一、兩年後便長得與人等高。幾年過後的春天，苦楝樹一夕開花便成為都市計畫區的荒野焦點，便宜地佔據在公告地價一坪數萬的地盤上。隨意迎風散落的小紫花，在平坦而無車的柏油馬路旁，給借用此高貴場所舒展筋骨的居民一點驚喜；搖控飛機的愛好者則可將此擬想為非洲大草原，在冬天的天空下，有一片淺綠淡黃的草皮和一株傲然枯立的巨木，憑添幾許飛躍天際的美感。

幾個春秋過去，有人偷偷剪破刺絲網的一個角落，開始運動後休閒的耕作。原始的火耕方式成為一種實用而節約成本的智慧，尋找水源則只要抓開嶄新的水泥或鑄鐵溝蓋。於是，在交通動線方便地帶，陸續出現規模不一的整齊菜園。隨著菜園數量增多，農業散作面積加大，我開始擔心苦楝長得不夠快，來不及讓人感受到她或許可以庇蔭的好處，卻先夭折在人類勇於拓荒時，大力揮舞以啟山林的柴刀下。

這十年來，在政府的融資支持和都市發達夢想下，甘蔗園身價暴漲得飛快，以前農夫和牛車走的路，都改成大客車和大貨車可以暢行飛奔的柏油路；以前觀星宿預測風露的蔗田，現在都有固定熄滅的高級照明。但經過幾次市場炒作失敗後，大家開始以寬容而休閒的心情看待這片蔗海商田了。當年信誓旦旦的規畫者在牛皮吹破後悻然離去了，當年奮力勞動開闢基礎建設的人當然也轉移工地了，這塊土地只剩下清閒而沒有心計的人。運動使人流汗，勞動使人自由，但我擔心苦楝樹被憤懣的情緒誤讀為「可憐」，以致無緣飄香。

橋仔頭通向梓官有條台糖五分車鐵道橋，這橋位在典寶溪中下游，在一九四八年余登發發起興建中崙橋之前，是兩岸居民往來的通道。一九九五年，在地方文史工作的熱情驅使下，和一群朋友沿著鐵道走到河畔。河面到橋面距離頗深，站在鐵橋中央，暗沉的水色還是可以倒映出斜陽的光彩；河畔除了竹林之外，有一片農夫整理出來的蕃薯田；鐵橋東側，一棵高大的苦楝樹佇立在那兒，上頭有好幾隻往來的飛鳥，澄黃色一串串果實在一片沉悶的綠意中顯得很特出，深色的樹幹看起來突出而乾淨。這是我第一次記住她的名字。苦楝，據說會苦，聽阿母說苦楝子可以治頭虱，古早人認為苦楝做的板凳不適合用來拜天公，古書則說楝是鳳凰擇木而棲的居所之一。雖然那天的河水反照一層厚厚的油光，苦楝，一株立在典寶溪畔美麗的記憶卻已深植在腦中了。

一九八四年，一樣是陽光正要墜落的時刻，一群國中生從蚵仔寮海邊趕忙要在大人下工前若無其事地等在家裡，以免圓謊不成遭到一頓呱噪的斥責或毒打。就在數小時前的中午時刻，一群人頂著太大陽出發，沿途招朋引伴，

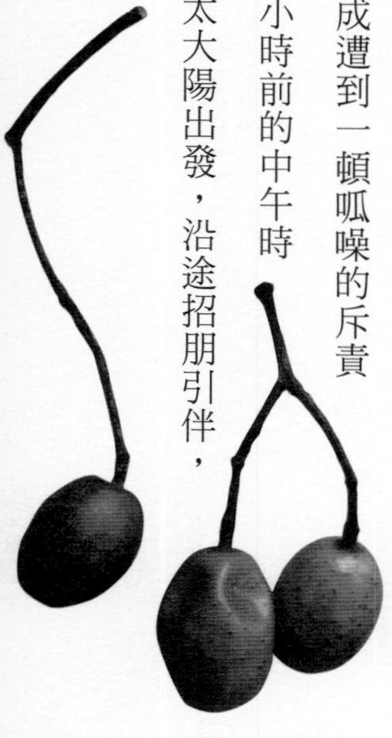

湊成一支歡樂陽光的冒險隊伍。經過中崙橋前，有人卻硬生生被知悉內情的叔叔騎機車追趕了回去，頓時讓輕快的啟程中途拋了一個怪錨。一群國中男生騎腳踏車到海邊共度一個下午，這回事怎麼好像讓大人們聽起來充滿不安全感。

一下午的海濱時光，不一會兒就飛快消逝，原本悠閒忘我的氣氛，回程時隨著陽光漸次柔軟，卻被幾個過度緊張的同學不協調的踩踏節奏給鬧得侷促起來。「我知道一條近路！」有人出了主意，這對雙腿已經疲軟而疲於趕路的大夥兒簡直是喜出望外。於是在昏暗天色下，我們來到五分車鐵橋前，懷著一點驚懼與興奮，有一種被耍的錯愕，也帶著一點冒險的喜悅。至今我仍不清楚那條路是否真比中崙橋還要近，但是要牽著腳踏車走過鐵道橋，迫使我們這群青少年必須戰戰兢兢。而在進退兩難之間，總不乏一、兩個腿軟躊躇延誤時間的傢伙。當全體安然過橋後，一股激動沖散了遲歸的焦慮，但口頭上仍不忘幹譙那位「我知道一條近路！」的傢伙。多年過去，這段約百公尺長的鐵道橋也成為青少年時期最刺激的冒險故事，而當時蕃薯田旁的苦楝，現今應該也已經同橋一樣高了才是。

二〇〇一年，一位對影像充滿敏銳熱情的建築系學生決定以雨豆樹劇場做為畢業設計的場域，常騎著一台破機車，拿著一台好相機閒來晃去。「大仔，我今天晚上從台北下去，太概兩點會到，你把鑰匙留在信箱裡，明天中午之前應該可以弄好。」天空很藍，我和他各自騎著摩托車要去探索藍天底下這片綠野的秘密，想要找到那座鐵道橋。居然就在過橋頭一端撞見水泥牆，自中崙橋以西，典寶溪全被高過人頭的水泥牆隔絕了。隔絕，蒼白無情的隔絕。我攀牆俯望河的面貌，沒有竹林，沒有蕃薯田，當然也沒有留下苦楝的樹根。

當年，在我往返成大研究所的春天，府城的黃金風鈴木在林森路和東門路發起黃金舞會，以柔軟耀眼的黃金花瓣，硬是將道路兩旁角頭崢嶸的混亂街景妝扮起青春模樣。我懷著抓住青春的興奮，拿著相機趕赴這場季節的奔放，途經衛民街時，卻因撞見一株盛開的苦楝而失去奔放的心情。當時舊台南州知事官邸還被鐵皮圍著，狹小的巷道全被柏油和水泥鋪得不留一點空隙，沒有一

苦楝

楝科（Meliaceae）楝屬（Melia），別名苦苓、楝樹、楝、金鈴子、紫花樹、旃檀、Baaaran（泰雅）、Bagasu（排灣），遍生於台灣平地及中低海拔丘陵，最高可達海拔一五〇〇公尺處，也常栽種為行道樹或庭園樹。苦楝為原生落葉喬木，不畏潮風鹹土，生長快速，喜高溫，可防風、抗旱，其材質優良可作家具，種子可入藥，即為「風鈴子」；根莖樹皮具毒性，可供藥用，而其木材味苦，適合作家具，箱櫃尤佳。

絲可以自在呼吸的泥土。沿著滿天紛飛的粉紫顏色，發現苦楝樹在知事官邸右前方車棚的鐵欄杆旁佇立著。我不禁停下腳步，待在她隨風落花的老成樹幹下盤桓許久，奔放的心情細嚼著花的飄零細語，隨即柔軟而沉默。我開始發現在城市畸零地裡冒出的苦楝，見她們在人類自以為包圍得萬無一失的鋼筋水泥叢中開花總會令人興奮。鍾情於植物紀錄的施瑞昌老師細數著春季的花語風情，提及在愛河畔拍了不少苦楝花。我說台南知事官邸前那株苦楝開得特別美麗，他半猜疑地說苦楝還不都一樣？幾天後我拿著幻燈片證實了苦楝開花不完全都一樣，「真正有較媠」，換得一句真心的讚美。

橋仔頭糖廠閒置後，從西側五分車軌道群往工廠區高聳的煙筒望去，有一株苦楝在群草中拔起相伴，使得剛硬的廠房除了斑駁滄桑外，還憑添了幾份美感；東側倉庫旁有一株沿著牆面生長，因寬大的牆面減低了風阻，苦楝的樹形像個打開的扇面；雨豆樹劇場有一株苦楝長在施老師生態教學路徑上，樹皮破裂流出樹液，千百年後會勢將凝結成金黃的琥珀。夏天熊蟬鳴噪，夜裡金蟬脫殼都可以此樹為教材。我同施老師商議，在閒置的田地種滿苦楝樹，開間苦楝咖啡館，冬天枯枝蕭瑟、春天繁花絕美，即是「苦戀」，也不用介意咖啡煮得好不好喝。他說：「隨時。」

動物農莊

興糖路與一巷一號的轉角有株龍眼樹，或者說興糖路一巷一號是一排龍眼樹也可以。房舍正門口左側站著高過屋頂的酪梨，右側是一棵比人高的桂花樹，兩側邊的土拔樂樹則在整修時的一場誤會中被砍除，僅餘興糖路二號空地上獨立一棵，在香蕉樹叢中舞爪式地傲立。後院由幾株高大芒果割據地盤，水池南方的荔枝樹每到產季只出現幾抹櫻桃般的豔紅，左側楊桃樹則楊花放肆，每每撒滿遍地的紫紅，時刻在風中搖曳。

原本堆積垃圾的興糖路二號漸漸被整理成一個可以親近的廣場，阿爸在鄰近西側的圍牆整理出一片菜圃，將閒置空地解放到最角落。樹德科技大學建築系的學生分成幾組在附近進行環境改造的實作課程，學期結束後，防空洞旁的龍眼樹上綁了岌岌可危的一座鞦韆，假日時引來一堆小朋友聚集嬉戲，於是便有了休閒農莊的氣氛與歡樂。

協會有五名勞委會永續就業工程人員協助整理環境，他們都是樸質的在地人，穿著打扮是典型的農工形象，對於文史協會為什麼要花一大筆錢租這種破爛的老宿舍不太能理解，畢竟得份工作，還是相當支持協會的理念。但仍有不少小差錯，例如昔日拾荒補貼家用的阿嬸，為了將沒有水的水龍頭拿去稱斤論兩賣，一個鋤頭下去，水管就源源不絕將滿室灌成池子，得花幾百元請來水電工修復；行動不便的阿叔，時而掛病號休養並借幾百元補充營養，偶因溝通不足將好不容易長大的樹木鋸掉。

而偌大的空地要種玫塊得先養好草皮，自然也要認真討論一番。一整天，聽幾位大人們擾嚷一、兩回，整個寧靜的宿舍區便生氣起來。而那位每天騎著腳踏車悠閒生活的阿哥，將放在外頭鋁梯拿去當廢五金變賣，將一千多塊錢買的不銹鋼狗籠分解，論斤賣新台幣五十元整，則可算是經典之作。

一巷一號成為日常活動場域後，漸漸有幾隻渴望歸化的野狗來靠行。辦公室後方水池經歷三次工程終於不再滲水，成為魚類與孑孓的居所，也漸漸開出荷花、水芙蓉，每到下午三、四點，有一對黑枕藍鶲會來表演優美俯身空襲，是一巷一號的經典畫面，專治工作躁鬱和用腦過多癡呆症。此外還有松鼠丟芒果、五色鳥吃桂花、黑冠麻鷺木頭人、攀木蜥蜴伏地挺身，都可治全身痠痛。樹鵲和喜鵲偶爾呱呱叫個幾聲，是隔壁不小心洩露粗嗓門的紳士和貴婦；綠繡眼和白頭翁是自家人，不然怎麼敢叫他們青豬仔跟白頭吉仔；至於冬天老站在高處的紅尾伯勞，不曉得是家族裡誰的私生子，來時總是有點欲拒還迎地搖擺著紅尾巴，好像在和某位熟知內情的人士頻打暗號。

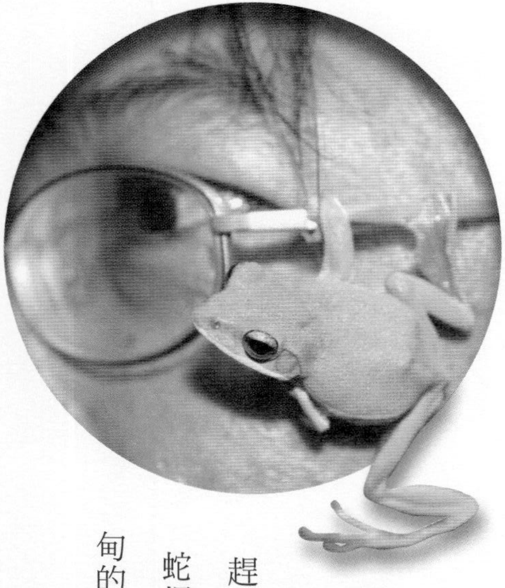

有幾回在路上閒逛不長眼，打擾到帶眼鏡的蛇大哥、蛇小弟，驚嚇之餘，趕忙向消防大隊商借一隻夾蛇棍。制式夾蛇棍如此沉甸甸的份量，眾人苦練不成夾蛇

棍法。聽說他們不管戴不戴眼鏡，視力其實都不好；聽說他們頸部極其脆弱，禁不起一個勾肩搭背式的招呼；聽說他們是冷血動物，不論沸水和冰塊都足以讓他們麻痺；聽說他們脊椎無力，只要抓尾輕甩就足以令其骨碎；聽說他們最怕鵝大便，於是我們決定效倣王羲之養兩隻鵝。

興糖路一巷一號約莫佔了宿舍區（興糖國小不計）百分之一的面積，但是工作人口密度高居第一，平均年齡最低，活動次數最頻繁，階級族群最多元，人和動物相處最融合；有人種菜，有人摘果，有人蒔花，有人整草，這不就是活脫脫的農莊景象？當時文史協會兩位助理：小魚和大熊，魚與熊掌能夠兼得自古不易。不久，來了一隻駱駝，後又多了一隻小豬，隨後又有雁臨，這不是動物農莊？

我們始終沒有實施集體領導制，偶爾開一次大會，搞

得永續就業工程的大人們正襟危坐，深怕傷害了一絲自在和愉悅的氣氛。前庭還有橋仔頭文史協會老前輩森溪桑召集的日治時代元老院，每天早上舉辦不同期的同學會，所以我們以維持開放和自在的氣氛為首要，免得動物們受到精神壓迫病毒的感染而舉止不正常。

酒是土地藏在瓶子裡的詩

兩年前，因為一位法籍朋友來訪，重新燃起我對甘蔗酒（RUM）的想像與熱情。

到訪前一天，這位法籍朋友在位於淺山的秘密蔗園壓榨完最後一批甘蔗，釀完了最後一批酒，並剃掉留了四個月的長長鬍子。他的太太，一位極富個性又開朗積極的台灣女兒，帶著小兒子，一行三人來到白屋。當我們正聊得開心，我兒商允焄對著台法混血兒問道：「你是外國人嗎？」那孩子用台語篤定的說：「我是台灣人。」篤定有力的語氣聽來讓人感到心情異常舒爽。

這位法籍友人是傑出的藏酒家，他們夫妻即是因酒而相識。約莫十年前，他們夫婦決定辭掉在巴黎的工作回到台灣，同時也決定運一貨櫃的酒回到台灣開酒莊，心想如果能夠以此維生，就在台灣定居下來。

這位法國人一到台灣就問太太，「你們台灣的蘭姆酒

呢？」「什麼是蘭姆酒？」坦率的台灣女兒應著。法國人覺得不可思議，他說：「全世界在這個緯度的國家都有蘭姆酒，你們台灣的蘭姆酒呢？」總之，歷經十年光陰他終於相信，而且明白，台灣真的沒有蘭姆酒，公賣局佯稱的不算數。他認為台灣沒有生產蘭姆酒簡直是暴殄天物，於是決心做台灣的蘭姆酒之父，所以努力說服了老丈人將閒置的六分農地供他種甘蔗。

第一次種甘蔗，不用農藥、除草劑，所以甘蔗長得清瘦又隨性。請人工不容易，於是他一個人將所有的活都幹了。他說以前數學、化學都考零分，但為了釀酒，他將全世界蘭姆酒的製酒流程都研究遍了，他很篤定可以釀出全世界最好的蘭姆酒。

聽著這位台灣蘭姆酒之父的故事，心底湧起一股莫名激動，我們決定立即啟程前往他們位在山裡的秘密基地。楠梓仙溪就在秘密基地前方，看著剛採收完的蔗園，望著溪流對岸延綿的青翠山脈，法國人有點感慨地說，實在不明白為什麼台灣的東西這麼珍貴，卻沒有好好被珍惜，「當你喝到一百年前、兩百年前的酒，你可以知道當時甘蔗的滋味，感受到當時的氣候、當時的人如何用心去釀造。一瓶酒就像是藏在瓶子裡的詩一樣。」如此感受，如此詩意，肯定不是被迫勞動討生活的奴隸說得出口的。那是來自千年葡萄酒產地，耳濡目染的飲酒文化浸潤而成的口語。肆虐的小黑蚊張狂地造成肌膚血肉的刺痛和搔癢，只是手腳必要的防禦反射，完全沒能阻止我們親眼見識這一片奇異之地的悸動。

法國人帶我們走進蘭姆酒熟成基地，滿室的橡木桶裝著他近年的心血結晶。他說台灣熟成的條件實在太好了，酒的熟成速度超乎他的想像。我們在他的慷慨分享下，品嚐了他從土地裡蒸餾出來的詩。最後，他汲取出剛進桶兩週，酒精濃度近80%，成色厚實，輕輕斟酌一口，甘蔗的香氣和濃厚的酒體即刻竄至腦門。商毓芳抿了一下嘴，對著法國人和他的妻子說：「好像在清晨天剛微亮，太陽還沒出來，霧氣又尚未散盡，甘蔗園裡微熱的地氣正在蒸發，赤腳踏進甘蔗園土壤裡，感受得到土地的溫度，空氣中滿佈著甘蔗的甜味。」從那一刻起，台灣甘蔗酒事業也進入我們心裡。

某日某家虎尾海產餐廳午宴上，熱情作東的大哥，無疑是地方上的名人，席開兩桌看得出只是日常節奏。席間，陸續來了工商金融界人物。大哥海派熱情的作風從一開場的數瓶威士忌就嗅得出來，座上無論是西裝革履的中階經理、外表漂泊但隨性的江湖兄弟、穿著樸質的長輩，大哥都一樣親切又客氣地招呼並親自倒上一杯威士忌。

我是陪客。既是白吃白喝，總得要具備些社交娛樂功能，也略盡被長輩朋友帶出場的責任與義務。大哥來敬酒了，我說：「我感覺咱台灣人應該要飲甘蔗酒才對。」我將法國人釀甘蔗酒的故事略述了一番。凡是歐美外國人對台灣表示贊同的事，基本上大家會有興致聽完。

「咱台灣的代表酒怎麼會是高粱呢？咱台灣的代表酒

應該是甘蔗酒才對。特別是在我們虎尾，咱有全世界上好的甘蔗，飲這威士忌實在無道理。」大哥聽完，興奮地拿著威士忌酒杯靠過來讚聲道：「另天到我家來，我家有甘蔗酒。」

原來大哥的家族從日本時代就已經開始私釀甘蔗酒了。在一望無際製糖會社甘蔗園裡，暗夜偷砍甘蔗釀酒。這讓我想起小時候聽阿公說的，半夜點著燭光偷磨花生粉以求生計的故事。甘蔗汁好喝又具祛痰潤肺的功效，本來就是極受歡迎的飲料。傳說是加勒比海的黑奴不經意喝了發酵的甘蔗汁而引發醉意，自此，大家紛紛效仿，進而將發酵甘蔗酒稱之為「tafia」、或「matadiablos」，意思是「消滅惡魔」，象徵飲酒治百病或消千愁。我想，傳說中的甘蔗酒起源之於黑奴，相對於日治時期台灣的蔗農而言，意義與情境肯定是一樣的。

之後，高酒精濃度的蒸餾甘蔗酒問世後，甘蔗酒很快成為加勒比海海盜們的基本配備，甚至被人口販子用來做為交易奴隸的貨幣。試想十六世紀葡萄牙人、荷蘭人和西班人陸續來到台灣，船上應該也不會缺少甘蔗酒才對。甘蔗酒之所以稱為「RUM」蘭姆酒，據聞就是由海盜盡情肆虐得手後狂歡舉動的黑話「rumbullio」而來。美洲的加勒比海、亞洲的東南亞群島，海盜無處而不在，台灣肯定不曾在甘蔗酒的歷史現場缺席，甘蔗酒就是海盜的酒，只是釀酒的權利被殖民政權剝奪，酒做為生命之水的意義被迫遺忘。最後，大多數台灣人只能喝公賣局廉價的調和酒及劣質的補藥酒澆愁。

阿里山鄒族朋友在深山的銀河底下飲酒歌唱，朗誦詩般說著：「茶代表水的氣質之美，酒代表水的靈魂之美。」何其直白又深刻的詩意。但身為台灣這座美麗之島的子民，我們甚至沒有屬於自己土地與歷史的酒。別再說高粱酒了，我們什麼時候看見島嶼的大地上長著高粱？當加勒比海的殖民地紛紛在二次世界大戰後獨立，各自擁有屬於自己國家的酒，展現屬於自己的飲酒文化，台灣的廣大糖業土地卻仍坐任國營事業賤賣，廣大的勞動階層仍舊只能喝保力達和維士比繼續賣命，城市新興的中產階級或資產階級一窩蜂，甚或裝腔作勢地以葡萄酒做為品味目標，以威士忌做為成功身份的表徵。而，屬於我們自己土地的詩呢？

自白3

行動代號：虎視當代

行動目標：涌翠閣、
蓋亞基地

橋頭虎尾

對於為何遷戶籍到虎尾，總有朋友好奇不解。即便虎尾這個小鎮比起橋頭熱鬧許多，但是雲林畢竟讓人感覺是個鄉下。橋頭雖然也是個鄉下地方，但總是在高雄市隔壁，何況有三座摩登的捷運站在二〇〇八年開張。

「喔，因為糖廠？」大家開始猜測可能的原因，但我又不是台糖的廠長需要輪調，雖然我在糖廠也混了二十幾年，只不過一則沒有領薪，一則沒有退休金。

或許因為土地開發相對價值較低，所以，虎尾糖廠雖然每年仍是巨額虧損，賣的冰還是一樣難吃，但一種時空凍結的朽氣與古樸，保存——不，應該說殘留得比較多。虎尾小鎮也還保留著糖業城鎮的風情，這確實是已停產多年的橋仔頭糖廠所不復存有的。是的，橋頭是台灣第一座新式糖廠，虎尾是台灣產能最大的糖廠，所以我這一生不小心「有頭有尾」，一路和台糖公司這個體制作對到底。內閣改組時，朋友開玩笑問我要不要去當文化部長？我說我想當台糖董事長，而當董事長的目的就是要瓦解台糖；解構這個殖民經濟體系和黨國威權豢養的體制，就是對台灣文化的偉大貢獻。

關於命運與殊勝因緣我無法言詮，入籍虎尾其實是因為我必須滿足金融體系對於一個人的信用期待。身為公司負責人，我必須有資產，誰叫我需要向銀行借錢！這迫使我失去無產階級身份，也才發現我沒房、沒車、沒受雇、沒結婚，真的很像媒體經常在報導的，獨居老人借身份證給空殼公司掛名，空殼公司向銀行借錢，最後債留銀行獲利了結那種。

當我體認到銀行信用邏輯頓時，開朗異常，於是找了幾個朋友詢問是否有適合的標的。我向朋友們解釋：「我需要一幢房子，因為這是銀行核貸的條件，所以我要買一幢房子。問題是，我沒有錢。」「我懂！」好友辣董回了電話：「有一幢獨幢透天，後面是嘉南大圳濁幹線，左側有一片國有財產局的土地，你若買這一幢，後面和旁邊隨便你種樹，你一定會呷意的。」

「好，姐仔，就這一幢，你的眼光絕對沒有問題。」赫然發現，我已經沒有青年首次購屋低利貸款的權利，於是只好跟商毓芳去登記結婚，因為商教授受聘於國立大學，銀行信用評等相當良好。之後我總跟人家解釋，我們倆的婚姻完全建立在金錢關係上的事實。

二〇一一年，因為新台灣壁畫隊的移地創作要到雲林，時任雲林縣文化處長的好友李明岳帶我拜訪人稱「辣董」的王麗萍，那時虎尾厝沙龍正籌備著要開幕。在一個陌生又熟悉的台灣小鎮，發現竟藏著令人驚喜又雅致的獨立書店，一種在地又脫俗的文化氣質，令人感到親切又對味。

當新台灣壁畫隊完成移地創作時，正逢辣董舉辦第一次「虎尾日」，我們一群人在虎尾受到各方熱情的款待和照顧。然而一個地方會成為讓人流連與熟悉的原因，主要還是因為有可以信任和相知的朋友。因為辣董，虎尾成為我們另一個家。我們總在虎尾厝沙龍遇見各地來的朋友，辣董說：「我們的朋友不是A咖就是怪咖」，每回到虎尾，在虎尾厝沙龍吃飯、喝茶、聊天，總像回到家一樣。

以前「向前走」，流行要去台北打拚，沒料到我還沒出發就開始「倒退嚕」，不僅沒有到「都會台北」去，還從「工業高雄」嚕到「農業雲林」；我們沒有加速前進，卻轉過頭來，朝反方向一路遊獵走去；因為方向不同，原先的勝負邏輯只剩下對照關係，甚至於完全沒有關係。某回一群中山大學EMBA的朋友來創作現場參觀新台灣壁畫隊，並留下來與我們一起晚餐。他們很好奇像我們這樣的人如何生存；有人說他小時候也想當藝術家，或者兄弟姐妹某人充滿藝術天份，「但是怕沒飯吃！所以放棄了。」看著一群不修邊幅、沒有次序的藝術家或坐或臥，或歌或舞，如今他們西裝革履，一副參與主流社會的奮發模樣，雖然端著餐盤顯得不太融入，一邊彷彿看到不可思議的世界感嘆著，一邊似乎也慶幸著。

我說：「怎麼會沒飯吃，我們都吃很好吔。今天我們還請你們吃飯呢！」

因為白屋仍在，經常開車從濁水溪流域到高屏溪流域代天巡狩。以濁水溪為地理據點，朝南北二路往返，我常想像自己在濁水溪南方，在嘉南大圳濁幹線旁，這裡處於台灣西部的中間位置，正是辯證核心與邊陲的戰略中心。

涌翠閣做為南來北往好友的招待所，也權充當代屬於個人的「蔣公行館」。身為浮浪者，我相信這世界是用得到的人的，是愛她的人的。

紋身

藝術做為方法，不論在城市事件或吸引媒體的議題上，似乎都是個焦點。不過相關於藝術的一切，似乎總是發生在都會的事，那麼，雲林呢？

雲林位在濁水溪南岸，在島嶼的近現代史上一直具有隱而不顯的影響力：北港朝天宮是全台灣媽祖信仰中心、西螺擁有亞洲最大果菜批發市場、虎尾的五洲園布袋戲是台灣通俗文化的代表、牽水狀（藏）則是台灣規模最大，也是唯一因實際歷史事件而流傳下來的民俗祭典……

涌翠閣，一座位於雲林縣虎尾鎮的舊房子、縣定古蹟。雲林縣，經常被主流媒體視為偏鄉、貧窮的縣治，最常上全國性新聞的是六輕污染與黑道派系的繪聲繪影。我們為什麼會在涌翠閣？一個日本時代的招待所空間在當代的意義與行動可以是什麼？過去的日子和未來，我們如何想像？

二〇一七年四月一日，涌翠閣試營運，第一個展覽主題名為「紋身」，入口處懸著胡湘玫蠟染的暖簾，藍染布上的虎紋及火紋躍然欲出。這個愚人的日子不是刻意選的，但是看起來真的有一群人在這裡做著傻事情。黃威嘉拆解微波爐的電線來電鍍木頭，透過電讓每塊木

頭遭電擊後的紋理形成一幅山水畫式；葉佩如蹲坐在和式障紙前，拿著一支香慎重又持續地刺破這些偽障紙形成點描畫；Kiki 日夜坐在榻榻米房間對著門板，聽著風聲化為色彩已經好幾天了；另外，王俊淵正在為那一堵從橋仔頭糖廠舊宿舍被火紋身的木頭女牆做最後的修飾。

「紋身」是商毓芳對於台灣木造建築與當代藝術極具意識的策展主題，為了避免具有歷史性意義的木構造建築被列為文化資產，以致於失去創造市場價值的契機，「古蹟自燃」成為台灣一種常見現象。古蹟被迫自燃，而這種「被自殺」的背後，通常是一齣利益糾葛的江湖故事，或足以凸顯人性愚蠢與貪婪的詐騙故事。「紋身」成為一種寓意，涌翠閣則做為一則寓言。

建築做為人類生活的空間，所有的日常都在建築圍塑的內外場域裡，可以說建築就像是生命的劇場，如是，建築可以視為文化載體，而不只是材料構成的量體。如

今我們卻生活在建築商品化、樣式化的世界裡，每天仍在建築構成的劇場裡進出，卻可能加了招牌、看板，可能因為土地作價的預期心理而拆除重建，但這其中，建築可能具備的意義與美感被扁平化而無感，建築所代表與象徵的生活演替痕跡與歷史意義輕易地滅失。

二〇〇六年十月三十日上午九點多，第一通電話響起，在橋仔頭糖廠的工作夥伴安慈焦躁地說，台糖雇用怪手在拆除興糖路十巷的六連幢木造宿舍。我語氣壓抑著，像是見慣血腥場面般安慰在現場驚慌又憤怒的年輕人，一旁的商毓芳見我哀莫心死的樣子，堅持要立刻趕到現場。我著實不太有意願看他們一邊拆房子，一邊講些風馬牛不相干的風涼話。

趕到現場，但見木造宿舍屋樑在怪手的摧殘下，發出被自殺的撕裂叫聲；巷子裡散佈著不知所措又憤恨的年輕人，還有兩位深覺不可思議的美國駐村藝術家。已經在橋仔頭糖廠紀錄好一陣子的徐承誼拿著攝影機拍著，幾位經常在糖廠往來的居民坐在摩托車上觀望。旁觀的人愈聚愈多，大家卻只是神情無奈地……旁觀。

商毓芳一下車，立刻追問承辦的台糖人員為什麼要拆房子。她這一追問，周遭旁觀的人隨即攏聚過來。穿著乾淨白色襯衫的台糖員工被逼得不得不笑著回應：「這上面的指示……這、這裡需要整理一下。」「整理一下有需要用怪手嗎？」這位台糖員工只好在怪手引擎聲掩護下，當作聽不明白，漸漸踱步遠離。

「如果你們不要，我們可以撿嗎？」商毓芳咄咄逼人，逼得台糖員工只好笑著點頭，同時也一副識貨的樣子說：「我們也會將一些重要材料保存起來。」於是憤怒的青年在商毓芳的指揮下，立刻帶了手套、工具和推車來到現場，在怪手引擎聲中闖入拆除現場，將已被迫分離的門窗和木料，一根一根搶救到宿舍對面空地。

商毓芳接著走進對面興糖國小，邀請少華老師下午帶領學生到現場戶外教學，同時連絡施瑞昌老師擔任導覽解說。一整個下午，興糖國小的學生們就地輪流上了一堂木造宿舍課程。

像龍貓動畫裡一樣的建築，就在眼前被台糖雇用的怪手淩遲而亡。七塊磚上架著的木窗成為這幢老屋的墓碑也是解說牌，當天學校放學時，怪手也已經下工，走過解說牌的學生指指點點，對著尚在的十二巷木造宿舍說話，也看到一早經過還在的十巷宿舍已成為一堆廢棄物。有小學生像龍貓動畫裡頭發現龍貓的小米一樣，蹲在新建的解說牌前端詳著。

事件後的日子，我們將所有撿拾的木料陸續運回五巷的空地，建立了第一座藝術備料庫，接著在這條學童的上下學步道開始了「9又3/4森林通學步道」*計畫，並邀請友好藝術家在通學的路徑上創作，以十巷宿舍被拆解的廢棄物為材料，從入口的雀居（「鳥居」的迷人版概念）到將七塊磚雕成守護土地的狗兒，呼應此地眾多自由狗群守護著一片森林。

二〇〇八年，自屋開幕尚未滿月，十一月二十九日中午，不遠處樹林冒出濃煙，帶著厚實檜木香味的濃煙很

快成為森林的視覺屏幕。當我們趕到現場，十二巷木造宿舍已經是一片壯麗火海，消防車則在我們端詳好久之後才發出匆匆趕到的聲音。消防水柱很快便凍結了自燃的火焰，其中一片石灰牆被焚燒後，竟浮現仿若聖像的圖形……。在已回生乏術的關鍵時刻，一群人拿著相機憑弔，眼前只剩一片焦黑又燥熱的木頭香氣，幸好火焰燒不過的磚雕狗兒安然無恙。

我們搬回被火紋身的材料，取出其中數片木板做成白屋大門，也在一根燒得透黑的木樑釘上「白屋」二字成為招牌。這樣的焚而不毀，源自商毓芳對於建築材料的看法，也結構了白屋的空間氣質，更牽引了藝術家的參與動機，構成白屋的門面與內在意志。

如今，當年從火災現場搶救回來，被烈火紋身的木頭，也從白屋來到涌翠閣。這批木頭當年刮去焦炭後，在白屋各個角落安靜地度過日子。現在，它們站在涌翠閣集合成廊道的紋身牆，記憶著當年被火紋身的刻骨銘心。

*緣自哈利波特9又3/4月台的概念，即真實存在，但麻瓜（一般人）看不懂，具有魔法的人才看得到。

虎視當代

「當代」，口語化的解釋就是「當下這個時代」，不同於「現代」一詞具有特定指標性與價值性取向，所以說，當代是比較寬闊且具有包容性。一般認知當中，「現代」好像代表一種進步，反之則是落伍的，例如：現代建築都是鋼筋混凝土，所以木構造房子是傳統的；現代農業大量使用農藥與化肥，所以傳統農業是落伍的。每一個國家和地區的現代性與現代化過程其實都有相當的差異性。「摩登時代」在百年前就開始了，台灣的現代化過程與現代性想像，充滿著值得辯證的課題，當代則是一種即時共感、共處的意味，可以接納不同階層、不同價值並存。

涌翠閣做為藝術基地，將以虎尾在地為視角、為起點，用土地至上的觀點俯瞰世界，再參照做為布袋戲原鄉的氣概，取一個轟動武林、驚動萬教的名號「虎視當代」，而且是母老虎。

開幕第一年春天，涌翠閣來了第一位進駐藝術家，

涌翠閣

級別：縣定古蹟

創建年代：昭和十四年（一九三九年）

建築特徵：屬日式木造風格，包含座敷、居間、付書院等，為典型書院風格，以磚砌的連續「布基礎」為主，每隔一段距離開設通風口，外牆為雨淋版的處理，屋瓦為水泥製的仿黑瓦形式，屋頂形式以「寄棟」（廡殿頂）為主。

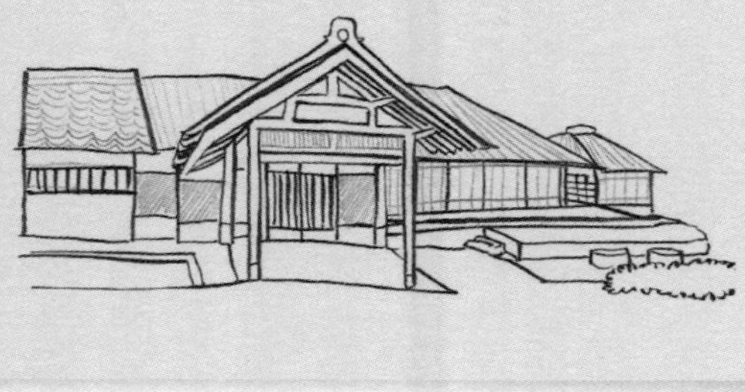

指定理由：

1 本建築物為日治時期官方「虎尾郡」所設置之招待所建築，書院造之建築形式，形態十分優美，且為雲林縣少數相關案例之一。

2 館內曾作為二二八事件當地台籍人士集會討論之場所。

3 位於公園邊，腹地周遭環境完整，且該建築為大型招待所，極具有保存與再利用之價值。

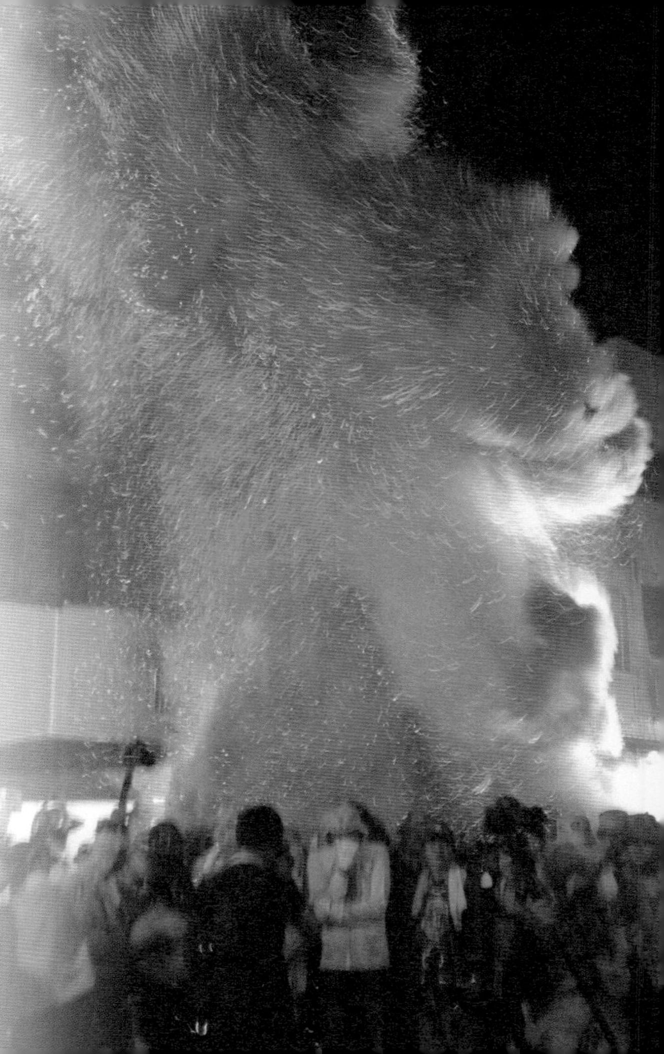

Kiki。說起第一次南下雲林，「那天下了交流道，經過一整排正盛開著的木棉花道，心想，這裡是怎樣？會不會太夢幻？看見高聳的水塔，盛開的苦楝花就橫在眼前，涌翠閣到了。」Kiki說進駐在涌翠閣的創作生活，比起十九歲時一個人飛到紐約留學、工作十多年，這裡更像出國。

Kiki進駐創作結束前，正逢一年一度的北港迓媽祖盛事，這也是橋仔頭糖廠藝術村年度大事，因為藝術村村長陳聖頌正是道地北港人，也是五媽會成員。於是，我們邀Kiki同車前往北港，也略盡地主之誼。途中約略聊起這年度盛事如何而來，而北港犁炮又是何等情境，以及國內外藝術家們各有擅場的逸事，還有我們新台灣壁畫隊連續三年參與迓媽祖陣頭、吃炮情境的畫面……沿著虎尾溪防汛道路飛馳而過，看著遼闊的平原上一條高鐵的光線穿越黑夜，遠方還有依稀的煙火往天上開花。

半夜回程途中，一整夜迓媽祖的熱烈與人情的溫暖，小鎮安詳及愉悅的氣氛、起伏開濶的天空與平原風光，「這一切太酷了，我有認真地思考想要搬到這裡來。」這位

素昧平生，第一次來到雲林的藝術家如此陶醉地說著。

回想二〇〇一年，為了保存橋仔頭糖廠，只要有一線機會，我們總像焦躁過動的螞蟻一樣，奮不顧身，想方設法突破僵局，也因此成為台灣第一波試辦藝術家進駐的「橋仔頭糖廠藝術村」。

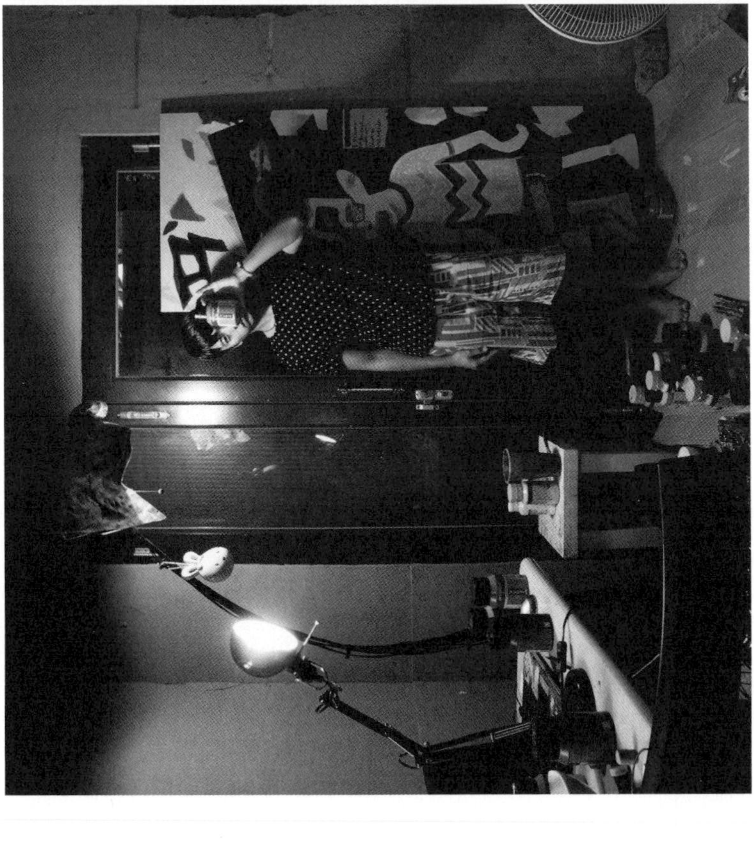

當文化成為一種想像和藉口，藝術家彷彿就是那看得見的膠囊。沒人知道膠囊裡頭是什麼藥，但有呷有保庇，特別是進口的，大部分人總感覺會講外國話的浮浪者比較有效。當不同組織如平行時空搭不上調，無法繼續對話，只能各言其志時，藝術就像是天打雷劈、風雨交加後可以期待的彩虹。

一路糾纏混戰，十幾年來橋仔頭糖廠藝術村居然還殘喘存活著，即便現今的「藝術進駐」已成為前進閒置空間、活化地方生機的廣告特效藥，但橋仔頭糖廠還是殘喘著一口氣，完全沒有因為藝術進駐成為顯學而不可一世，依然風雨飄搖，依然相信彩虹，卻難免信心忐忑。因為所謂顯學也不過是市場上廉價流行的商品，就像夜市也開始普遍在賣LV包包一樣，各公務機關藉此可以沾染文創光環，也可做為一種流動替代人力，且又不受勞基法保障……「藝術進駐」已成為一種當代存在的人文風景。

藝術家不用證照也不用考試，不論藝術家是居民，或居民就是藝術家，只要敢於自稱，人人的確都是藝術家。

自命藝術家顯然比過去容易很多，一般民眾處在時代浪潮下，約莫也不太敢於批判或根本摸不著頭緒。所有的專業降格與形式移用，特別在當下的台灣社會沒有設限，滷味、毛巾、製鞋，輕易地擠身為「地方文化館」，至於時髦的「文創」，一方面很快即被有識之士戳破為

詐騙和負面名詞，但也成為一種無法解釋清楚卻必須朗朗上口的時尚名詞，因為，因為大概沒有人願意承認自己沒有文化、沒有創意吧！

膠囊裡裝什麼藥？不知道，但我們必須敞開心胸接受一個可能帶來不同像想的創作者，要像煉丹士一樣不改其志，相信直覺，也相信經驗。這，雖然聽起來不夠科學和實際，卻是充滿浪漫又理性的邀約。

但是老實說，我已經失去一再面對未知藥效的浪漫與熱情，經常陷於現實沒有明確解答的困境裡。但是商毓芳帶著幾個新生代努力地煎著藥、煉著丹，一步一步找到了藥方；也好像她腦海裡有張明確的藍圖，正篤定地按圖施工。偶爾回頭問我，這樣好嗎？像是在鼓勵得了投球失憶症的投手。

kiki 結束進駐的最後一天午后，和商毓芳坐在典雅的傢俱之間，四周透明的玻璃窗交互穿透著日光，兩人聊著、聊著，確定可以一起在涌翠閣做好多事，而這些事也正一步一步在發生。

南管梨園戲

二〇一七年四月一日，涌翠閣在陳佳雯的壓腳鼓聲中開門，宣告試營運。陳佳雯是江之翠劇場創辦人周逸昌生前指定的團長人選。認識江之翠劇場十多年，當年少女已經成為少婦，時光就像溫婉輕柔的梨園戲身段，如此緩慢，如此優雅，如此深情到位，舉手抬足在相互緊偎著的榻榻米上，隨著樂音和吟唱，一方有限空間，路徑卻如此蜿蜒。

南管有「千載清音」的美譽，已在二〇〇九年被列入聯合國教科文組織人類非物質文化遺產。一般認為其源起於唐代，在泉州成熟發展，故以泉州腔為正音。南管音樂文靜典雅、意境深邃，在台灣傳唱已經三百多年，廟會常可見「御前清音」，即指南管。南管流行於福建、台灣、東南亞華人地區，南管音樂可結合戲曲表演，又稱「梨園戲」。

認識南管，緣起於二〇〇五年，高鳳芳當時負責規

劃台南液晶電視專區（簡稱TV專區）。此地原是一大片廢耕的甘蔗園，幾百年前是台江內海東岸，荷蘭人在此留下一本以西拉雅族語編寫的聖經《新港文書》。地層往下挖，還有數以萬計千年前保存無缺的完整人骨遺骸、有四八〇〇年前的稻米出土，以及第一隻被豢養的狗。具有如此豐富故事的土地，將要變成液晶電視專區，蓋滿一間一間龐然巨大的工廠，鋪上一條一條筆直互通的柏油馬路。

TV專區正式名稱為「Tree Valley Park」——樹谷園區，全區總面積二四七公頃，其中一五〇公頃規劃為企業用地，其餘為綠地、大型公園、生態中心及生態景觀滯洪池，意圖塑造「留給後代一片森林」。聽起來如此美好，卻是悖離現實的浪漫想像。為了實踐這個諾言，負責開發的企業決定在園區動工之前先啟動「十萬樹苗計畫」，要留給未來十萬棵大樹。

種樹的方法有很多種，負責規劃的商毓芳選擇了最麻煩的一種：「不買大樹、不移植樹，要在這片土地孕育樹苗」，而且邀請各地文化團體及教育單位一起來參與，藉由這樣的連結，讓「樹谷園區」成為公共空間，而不只是產業特區，更希望將各種文化的DNA種在這片土地上。

於是，包括江之翠劇場、華陶窰、四草鹽田生態文化村、阿里山十字社區、西拉雅文化協會、莎卡蘭部落、橋仔頭糖廠藝術村、屏東米倉藝術家社區協會，共同籌備了二〇〇六年春天那場豐碩又美好的「種樹苗」活動，以豐富多元的文化饗宴宣告樹谷園區正式啟動。

活動籌備期間，工務所就成為南管梨園戲教室，往來的各地文化工作者比工程人員還頻繁，在冷氣開再強也吹不冷的臨時建築裡，在還看得見甘蔗園殘存樣貌的時刻，南管的工尺譜寫在白板上。

就這樣，商毓芳愛上了江之翠劇場。在模糊的記憶中，阿媽說阿公也愛唱南管，哼唱著南管時，總有一種無法言喻的親切感，好像廳堂裡至親的阿公也在低吟酬唱。

從樹谷園區回望台南，每天沿著鹽水溪堤岸及135線道往來城裡城外，商毓芳思索著樹谷園區未來的人文地景，期待這將是一條可以體現台灣四八〇〇年血脈故事的路徑。白天路過赤崁樓，總會提起小時候牽著外婆的手，穿過巷弄到鴨母寮菜市場的溫暖；隱身在開山路巷內的清水祖師廟旁包仔祿，外婆不用預約就可以買到搶手的水晶餃。夜裡的保安路是熱鬧的小吃街，阿明豬心總是大排長龍。在這人間劇場，保安宮傳來南聲社團練音響，當南管樂音在空氣中鎮住城市的往來車聲，府城的神韻就會浮現出來。

二〇〇七年商毓芳擔任奇美樹谷基金會執行長，串聯台南各社團成立「鹽水溪幸福平台」。鹽水溪是四百年前台江內海的南岸，當年全台灣污染第一名的河川，名字卻諷刺地叫「幸福」。商毓芳領著辦公室的好男好女，在據稱是鄭成功部隊登陸的三崁店糖廠旁自行搭建的碼頭，邀請在台江內海從事生態旅遊的舢舨船大哥從海口溯源而上，並請來爵士樂隊助興遊河，極力將這一趟旅程鋪設成風華浪漫的開拓之旅。

一群大小人物坐在舢舨船上逆著明朝大軍的路徑往海口行去，沿途黯淡混濁的水色配著遠方多彩光輝的落日；膠管舢舨的引擎聲一直主導著大提琴樂音，歌手專注著，我們嘗試在混雜的音響世界中拼湊歌曲，也看著

沿著浪花躍起的烏仔魚或不時濺起的各式垃圾。夕陽避到外海後，城市的霓虹燈映在黑色水面，飄浮著往來不散的油光。終點站在新近落成的白鷺灣音樂廳，江之翠劇場演出「桃花搭渡」，將南管梨園戲介紹給台南各個基金會的頭人們。這一切陽謀的「幕後推手」商毓芳期待這個語文相對親切的府城可以成為江之翠劇場傳唱的土地。

完成樹谷園區規劃案，商毓芳身上帶著南管梨園戲這株小樹苗，四處適應風土，不斷傳播信息。在白屋，在知事官邸，在社區，在校園，嘗試找到適宜的氣候與土壤，讓南管梨園戲可以傳承下去。

南管小樹苗也隨著商毓芳來到雲林。她在潮厝華德福學校開設南管梨園戲社團，期待在戲曲文化的故鄉、在還種著甘蔗的土地上，種下樹苗。一如江之翠創辦人周逸昌成立劇場時的心情：「台灣的小劇場，都是西方觀念，這樣不行；應該從我們自己的傳統中，走出當代藝術的一條路。」江之翠劇場已經走出一條當代的路徑，未來，涌翠閣希望能將這顆種子傳承下去。

蓋亞基地

埒內庄一條寬不及三米的巷子裡，一幢尋常的六十多年磚造三合院。這裡是虎尾厝沙龍主人辣董童年的家，當最後一個親族也搬離開後，只留下長年堆積的雜物和一條看守的老狗，位在巷子內的低矮房舍更顯得陳腐而破敗。辣董希望可以將老家改建成一個宜居又具有公共性的場所，一則為自己出世的地方注入生氣，一則可以接待南北往來的好友在鄉村留宿。

但老房子究竟是要重建還是改建，辣董思忖多時，工程也因而延宕一些時日。待正式動工時，我們也已搬遷至虎尾定居。老房子最後決定以商毓芳的「負碳建築」概念自力修復。所謂「負碳」，簡單講就是「廢物再利用」。至於什麼是「廢物」，當然取決於需求與思考。若是著眼於土地增值的市場價格，那麼這些老磚瓦自然就是沒有用的廢物，特別是在建築極度商品化的今天，營建業被過度視為景氣的指標，從而忽略了建築在更宏觀的聚落文化角色，以及在環境意識裡可扮演的角色。

在凡事以房地產為景氣指標下，為了加速建築產業的成長循環，建築廢棄物的生產量驚人，例如設計得如時尚櫥窗的樣品屋，在完成銷售目的後就立刻成為廢棄物，而廢棄物的終點站通常就是休耕的農地。老房子的都更或改建，也都是建築物廢棄物的主要來源。

「負碳」不是「減碳」，「減碳」是指相對的減少，「負碳」是指對環境整體不增加，而且整體減少。例如，原本要去填休耕農地的廢磚瓦變成圍牆材料，不僅省了運輸費和材料費，也免除掩埋廢棄物對耕地的危害。簡單說，就是「廢棄物再利用」，不簡單的則是「建築與環境的再設計」；針對建築與人的關係、建築在未來的角色，以及聽起來很抽象的，生活的想像、價值的想像。

於是，確定了風水坐向與格局後，先是拆除了老屋右側廂房，不但取得更為開濶的視野，也讓巷口內侷促的轉角變成開闊的花草空間；建築廢棄物則就地處置為夯實材料，創造敷地的高差，此外，也另做為實踐樸門農法之用的梯田。而刻意保留的水泥塊則成為最有故事的庭園踏石，還有廢棄鋼筋雕塑的獨特大門……。辣董鎮日監工、植草種樹，讓這老房子很快就一新耳目，從破敗晦暗轉身為優雅明朗的綠意空間。辣董收藏多時的一批日本時代檜木窗框，也在這裡全都用上了。

原本無法親近的老朽空間在辣董的巧手和收藏品加持之下，很快成為各方來訪朋友的招待所。同樣是辣董所創建，二〇一一年開幕，改造歷史建物以凝聚在地情感並召喚土地思考意識的虎尾厝沙龍所揭示的「生態、性別、另類全球化」議題與精神，也開始在這裡聚集、延續。老屋不僅重新喚起了新的生命力量，更因為商毓芳所規劃的一系列「台灣田野學校」課程，坐落巷仔內的這棟老屋，最後也有了新名字：「蓋亞基地」。

蓋亞是希臘神話中的大地女神，象徵豐裕與繁榮。商毓芳視這裡為實踐土地正義的場所，在文化恐怖份子心中，這裡則是一座「蓋達基地」，每週一次的「蓋亞共食日」是交換情報及參與式民主的互助會。

涌翠閣的再利用問題，就在二〇一六年下半年的蓋亞共食日中偶然被提及。涌翠閣這幢日治時期官方「虎尾郡」所興建，為接待官方、軍方賓客的典型書院風格招待所，在二二八事件中，也曾成為當地台籍人士集會討論的場所。但這樣一處形制優美、保存完整的縣定古蹟由官方修復後，卻始終沒有正式營運。主管機關虎尾鎮

公所因為財政及人力考量，不願意收回管理，最後只得由文化處公開招租以解決閒置的問題。

對於古蹟，要不要保存是一件事，如何修復是一件事，如何營運又是一件事。「好像有人說要開日本料理」，「在虎尾，即便開文創百貨也不好生存吧，你看誠品。」「有功無賞，損破要賠啦。」大家飯後閒聊著。只是涌翠閣正如橋仔頭糖廠白屋裡三十年前被燒毀的招待所建築，而這點燃了商毓芳心中的古蹟魂，於是提議經營涌翠閣。但當時我正陷於白屋九年租約到期，是否要存續的泥淖，整個人像是開進雨後爛泥的車子，輪胎空轉，只聽到自己焦急氣憤的引擎空轉聲，對於商毓芳經營涌翠閣的提議，不置可否，意興闌珊。

一日又在蓋亞基地共食，毓芳再度向辣董提起此事，身為虎尾厝沙龍的主人，辣董深知經營開放場所的辛苦，特別是公共資產而不是私人空間，直言道：「不要啦，你們已經夠忙了。」我一旁滑著手機，沒有回應，寧願清閒不想多事，商大小姐見狀有了惱火，回程在車上篤定地對我說：「若是不要經營涌翠閣，我就不要留在虎尾。」總之，如今我們是涌翠閣的主人了，針對古蹟與人的關係、古蹟在未來的角色，以及聽起來很抽象的，生活的想像、價值的想像，商毓芳向來有過人的實踐膽識與美感的堅持。

好多蚊子

傍晚時分，十面埋伏的蚊子開始臨空現身，黑白條紋的、個小矯捷的，或有小隊經過房舍而解散攻擊者，或有成群結隊盤旋在各個角落的陣仗，防不勝防。坐在古董沙發上，教授、藝術家、大小文青，一個一個失去優雅從容，憤而拿出電蚊拍憑空比畫，斷續一聲一聲爆鳴，就像臨空刺殺敵軍，一洩血仇之恨。

為了除暴安良，身為文化恐怖份子，更放下手機迎向賊窟，兩雙電蚊拍輪番飛舞。當日光逐次退到自來水廠後方，暗色背景更襯出一點點鳴爆火光，就像北港犁炮一樣，高低音頻不絕於耳。

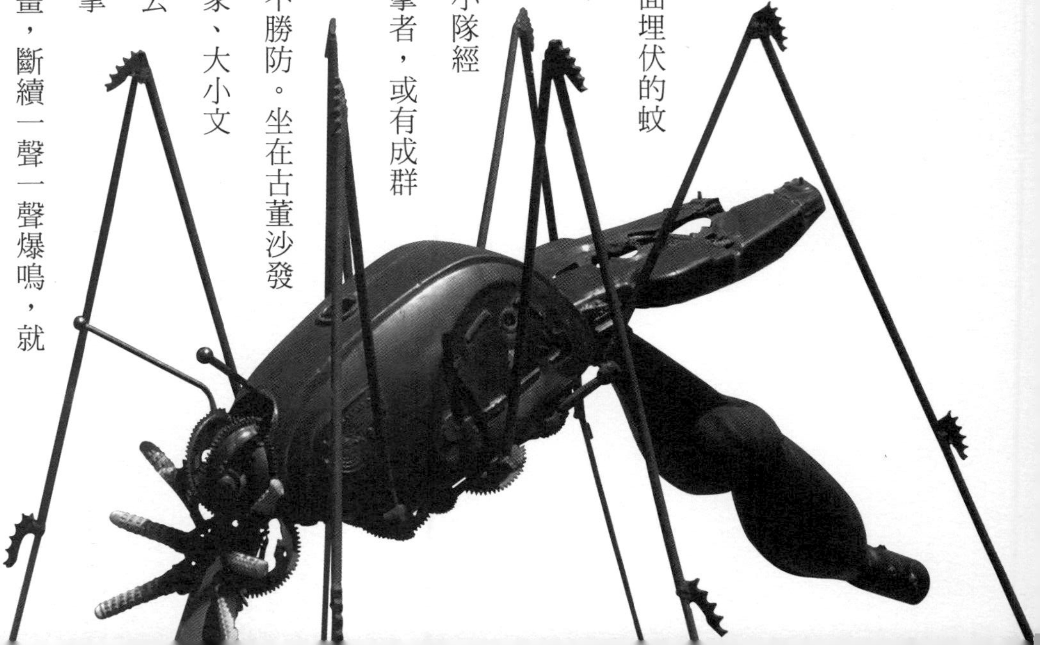

為綏靖此等蠻荒之眾，決定不遠百里從白屋調借德國原裝進口噴灑器，以環境之名進行掃蕩。不果，只得商請地緣友軍前來協助以達震嚇之效，然也只是震嚇。於是決心聘請專業傭兵，以毒氣進攻，重金鞏固陣地，嚴防宵小進犯。然，一次雨後，眾蚊軍聲勢又起，變本加利，可嘆也，屢次制敵無方……。

一天，一行人走到後方樹林裡探險，既體驗先民所言華路藍縷以啟山來的史詩壯闊，也終於明白為什麼日本人佔領台灣時，被蚊子叮死的人數比打仗死的還多，甚至以「台灣熱」稱之。況且在日本統治台灣前半期，瘧疾都佔十大死因前三名，時至二〇一五年台南爆發登革熱，一年內即死了二一八人。蚊子在歷史上和現實裡都是比恐怖份子還具致死殺傷力的可敬對手。

幾經蚊吻切膚之痛，深刻明白此雖古蹟場所，無法自外於周邊情勢，必要展開區域聯防策略，方得以絕後患於無窮。總算，在鄰近的蘇治芬立委辦公室熱情的助理小雯協調之下，得以和自來水廠及虎尾鎮公所共同會勘此一蚊軍大本營。因這片樹林土地權屬虎尾鎮公所，房子原是自來水廠所有，然一旦房子劃為歷史建物，對公務單位而言，即是麻煩而不是值得慶幸的事。於是，幾方各自表述立場後，結論是我們得以清理環境。我們將垃圾清到路面上來，鎮公所也將協助清運

清理大事不宜遲，旋即遠從高雄大寮古墓區調來曾是海陸二棲部隊，身手矯捷的老兵三姐夫。任務比預期中

更加艱鉅。原本一夫刀關的神器鍊鋸機，竟不久便當機了！不輕言放棄的三姐夫手持柴刀、手鋸，如潑猴大鬧天宮般，三兩下即讓淹沒在荒煙漫草糾結盤根的陳年老屋露出臉來，頓失所怙的蚊子大軍開始驚慌四逃。不到日落時刻，凱旋而歸的我們已經安坐在庭院長廊，喝茶談笑。

千萬蚊子大軍，若非這位叢林裡長大的赤腳仙大兵挺身相助，青年雖眾，概皆弱雞也，量十日無以盡其功。然而在台灣公共決策機構最不被檢視的條件就是專業，許多違反常識的政策就成為必然。君不見這已然二十一世紀的年代，台灣馬路工程的保全工作總還是委託一位不論男女的模特兒，雙手截肢接上閃光棒，穿著雨衣和反光帶，用鐵桿向上插進身軀，橫在馬路中央指揮交通。

如果鋪柏油之類的馬路工程是這種工作哲學，修復古蹟工程的工作哲學會差很多嗎？我們甚至連蚊子都管制不好呢，何況蚊子館？

涌翠閣一夜

那一夜，我們一家三口第一次在涌翠閣過了一夜。

涌翠閣試營運已近半年，在許多朋友讚不絕口和欽羨語氣下，歷經多次展覽以及思考未來接待股東需求的趨動下，我們以他方遠行的心情，決定駐在此閣一夜。

每一個空間，不論是古蹟建築，還是建築商品、建築設計、營建過程，以及使用者的角色更易，這其間存在的是一個比魔術方塊還難拼轉的課題；所有的當下都是魔術方塊拼轉的一刻，流動於這一刻、一切，或人感受到的所有，總合成印記於腦海的圖像。

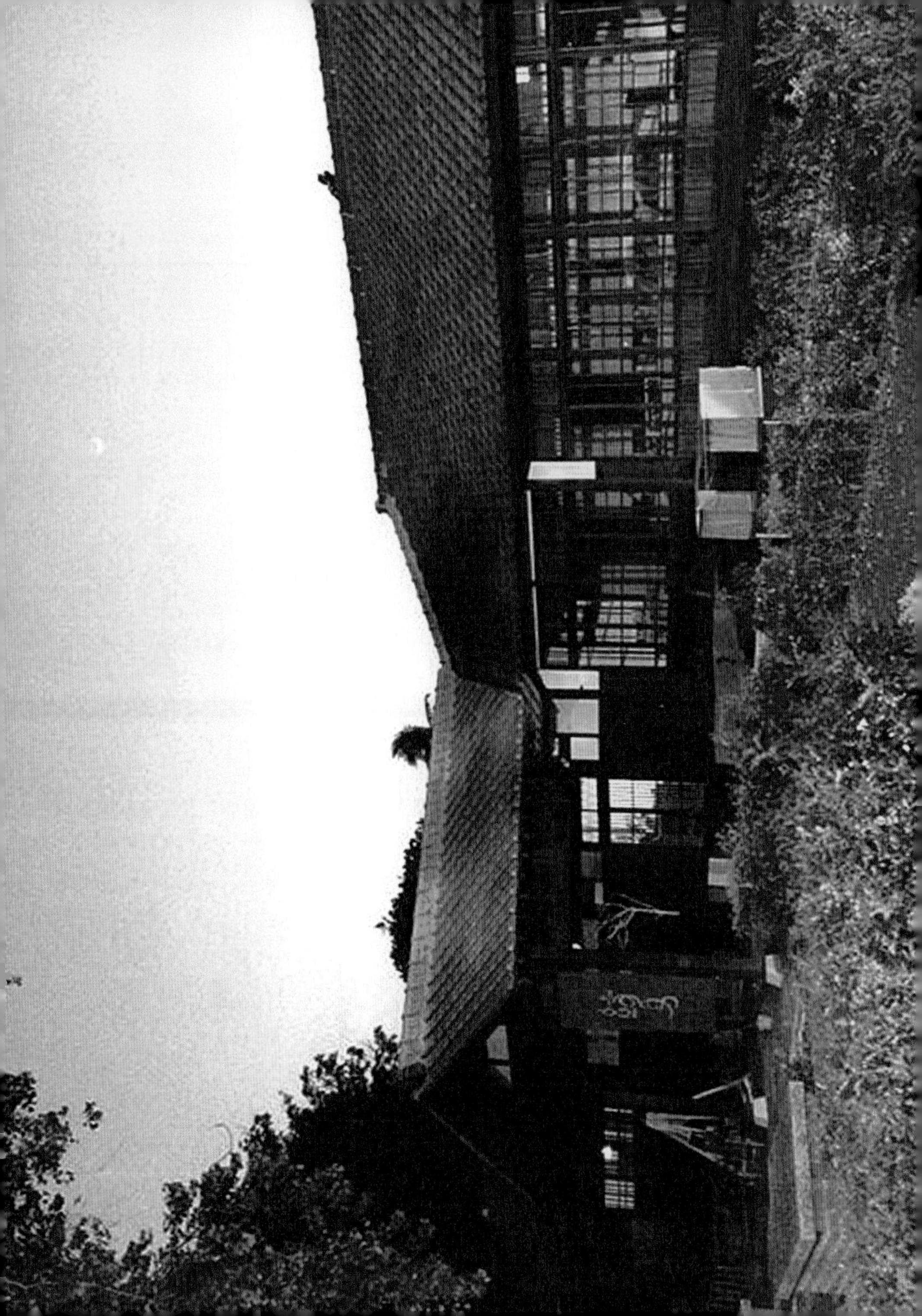

兒子很興奮，這一天總於到了；妻子，同時也是這個空間規劃者的商毓芳很忐忑，這一天終將要自己來面對了。為了這一天，她又再一次挪移了廚房配置，思考淋浴空間的合理性；奮力搬來檜木沐浴桶、檢視保全內外設定的差別、演練收納寢具的次序、鑑定了落塵的多寡是否讓她哮喘起作用……這一天，楊俊瀚出乎意料地在世大運百公尺競賽奪得金牌、男子籃球隊打敗南韓隊，相較前天台灣棒球誤失勝利，這一夜的確是快慰人心的一夜。

涌翠閣緊鄰著自來水廠，走路越過大崙頂公園範圍內的水塔就是市區。蔺毓芳向住在台北的音樂家表姐這樣形容：涌翠閣走到虎尾市中心，就像從台北火車站走到新光三越站前店一樣——如此解釋，果真讓城市表姐一行三人心中篤定許多。涌翠閣外約一〇〇公尺左轉就是小7便利商店，還有全聯超市；再直走就是菜市場，即使沒有楊俊瀚的腳程，星巴克也不過五〇〇公尺。城市裡的人聽到星巴克就放心多了，這讓他們相信這裡真的不是蠻荒之地，我們也不是媒體製造業者。如果放心了，我們會要求他們至少到過「虎尾厝沙龍」，再決定坐在哪裡喝咖啡比較有氣質。

涌翠閣正前方的人行道是虎尾鎮最熱門的散步道，連結市區與大崙頂運動公園，從清早到夜半都有人在走路。安靜，悠閒，除卻假日鎮公所辦的地方節慶市集或普渡時唱卡拉OK，整個虎尾鎮似乎有共識要維持這段難得的人行道品質。即便象徵自來水的水泥管裝置無端放置在人行道上，擔心沒有造型的圍牆似乎也刻意升起尷尬的波浪造型。不論如何，這裡是虎尾鎮最上道的散步場所無虞。連遠在虎尾溪對岸蕃薯日和主人都會特地來此從事夜間散步，藏在運動場內側的網球場則是家族釀甘蔗酒的大哥維持拼搏酒量的健身場所。大哥每天中午海派開喝威士忌，午後必來打網球以維持下半場戰力和清醒。涌翠閣周遭，雖然與日本時代整體空間配置已不可同日而語，這裡仍是虎尾鎮民尋覓恬靜的首選角落。

夜漸漸沉到定格樣態，坐在涌翠閣中庭的高椅上望著天井，在木地板上行走的腳步就像在時空盒子裡游移似的。「終於可以住涌翠閣了！」在幾次錯身而過的日子後，兒子和媽媽認真地在榻榻米上將床墊鋪好，手持吸塵器來回在靜謐的時空間，劃著母子協力的音律；那擺設有些時日的茶壺沏上老樹茶，頗讓憂心老屋老灰塵的商毓芳卸下心防。

夜宿白屋的朋友曾說，偶爾夜半會被蛙叫蟲鳴吵到睡不著，而在大崙頂公園人造設施過度的綠林裡，卻少有夜行性動物辦派對。隔壁自來水廠公僕下班後就成了一大塊隔音區，自然阻絕了夜間車行聲；路燈在涌翠閣和對面大樓間大剌剌地亮著，隔著窗帘漫成溫柔的夜燈。在偌大的廊道踱步往來半日，或許已因習慣而淡忘了老木屋的檜木氣味，但臥躺在榻榻米上仍可清晰地聞到被體重擠壓上來，特別濃郁又清香的藺草味。涌翠閣的夜，喧囂恣意的靜謐，讓人心滿意足地微笑著入夢了！

我的荒糖進行式 ─年表─

當年回到橋仔頭，糖廠已進入面對關廠的「荒糖時代」。百年糖廠的文化資產保存與高雄新市鎮的開發產生所產生的巨大矛盾，衝擊出一個大黑洞，我就在這個黑洞中進行著看似荒唐的藝術遊戲……

1994

返回南部就讀成大研究所，參與發起「橋仔頭文史工作室」。

1995

橋仔頭糖廠舉辦全國文藝季，與施瑞昌、許晉榮合著《橋仔頭糖廠人文生態導覽手冊》，開始在自己的家鄉寫作。

1996

橋仔頭文史協會立案成為「法人」組織，擔任義務總幹事及「橋仔頭社區通訊」總編輯。

1997

以糖廠經驗書寫的《朱尾仔與鐵枝路神》劇本，獲全國優良兒童劇本首獎，由「小蕃薯兒童劇團」全國巡演，並由興糖國小改編為布袋戲演出。

1998

完成碩士論文：《社區總體營造與鄉鎮文化藝術發展—以高雄縣橋頭鄉為例》

1999

橋仔頭糖廠正式停產，同年高縣政府將橋仔頭糖廠指定為定古蹟，成為台灣第一處處工遺址。

2000

「糖業百年慶」，張惠蘭策展「甜蜜時代裝置藝術展」，開啟以藝術介入空間思考與想像。

2001

向台糖承租進駐「興糖路一巷一號」成立組織據點，申請文建會藝術村補助計畫，「橋仔頭糖廠藝術村」成為台灣最早的七個藝術家進駐示範點之一。

2002

籌辦「WAC國際劇場藝術節」，以藝術解放被封閉的糖廠空間，這活動被視為「劇場界春天的吶喊」；在百年老樹上搭建樹屋，對抗高雄捷運路線規劃不當，並出版第一本文集《搭一間樹屋》。

2003

籌辦「台灣 sugar land 藝術高雄現」藝術節，媒體稱是「台灣亞維儂」。承接「高雄縣社區營造中心」與「地方文化館南區輔導團」，在荒糖時代建立專職的文化工作團隊，並得到國藝會的獎助到法國參訪。

The secret garden
Hsu Cheng-Wong
Sugar Flower・Treasure Book
Liang Jo-Shan
House
打包好了沒
Have you packed yet?
豐收
Harvest
中途停留
Juliane Stiegele
Stopover
橋仔頭
防空洞藝術節

Condole dinosaur
WILLIAM BASEL
巴索(美國)
現在進行式的防空洞
林世聰
Lin Shih-Tsung
空洞
Empty Hole
黃翰思
Release
能量釋放
Is Black
說是黑
Tsai Chih-Hsien
防空洞
Bomb Shelter
吳寬瀛
Wu Kuan-Ying
侯川宗
Hou Chuan-Tsung
告別的年代-感恩的歲月
Farewell Age Grateful Moments
白樹畫會
Bai Shu Painting Association
來阮兜坐
Come Visit Our House
譚偉平(香港)
Tam Wei-Ping
Bunker-abandoned house series
防空洞－廢屋系列
李文廣
Lee Wen-Kuang
台灣公賣局瓶內原住民

結合台灣田野工廠，以人工方式遷移將遭高雄捷運剷除的二次世界大戰防空洞，並在網路上「拍賣防空洞」引起文化資產保存熱議。獲文建會補助撰寫報導文學〈荒糖時代〉。

中華民國九十三年七月三日／星期六

中國時報 ChinaTimes

文化財難存 網拍防空洞

一九四○年磚砌產物 整批標售

橋仔頭協會出招 凸顯政策無能

2005

與盧建銘成立「台灣田野學校」，做為青年培力與NGO協力平台，以真實貼近土地及勞動為方法，對抗沒有行動力又知識貧血，跳樓大拍賣的大學教育。

2006

因為柯淑卿來到橋仔頭，共同促成「金甘蔗影展」的誕生。商毓芳邀請參與「樹谷園區公共藝術」計畫，獲第七屆台新獎五大視覺藝術獎。

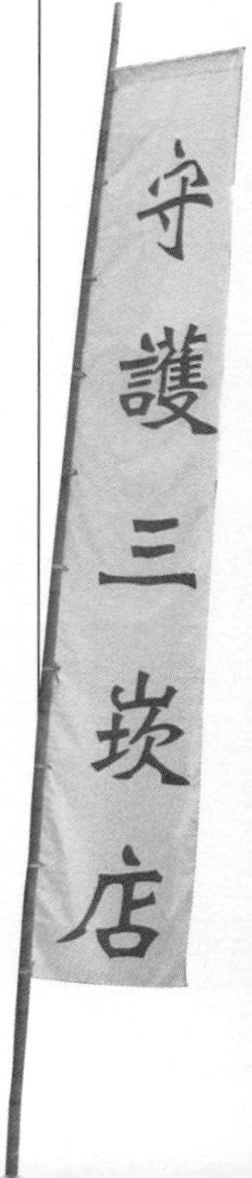

2007

撰寫〈苦楝情話〉劇本，結合藝術家在糖廠成立「苦楝花影劇團」。為搶救三崁店糖廠神社遺址及諸羅樹蛙發起「守護三崁店聯盟」，並推動「台糖土地信託運動」。

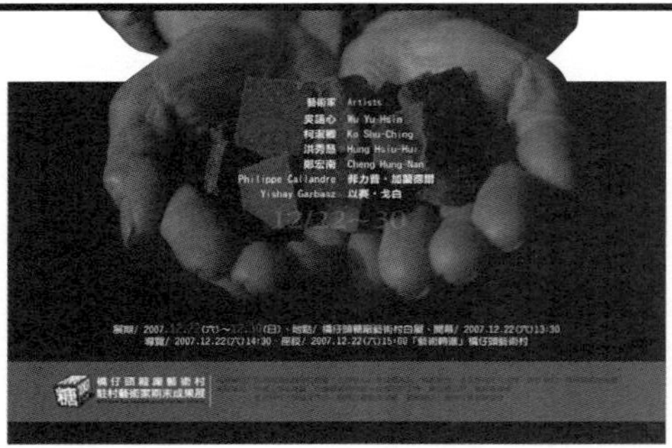

2008

高雄捷運通車，「興糖路一巷一號」被台糖終止租約，租下「白屋」並自力修復文化景觀。認養仕隆國小一九一七年木造宿舍，自力修復古蹟，並由柯淑卿拍成電影「進校巷十四號」。

2009

日本時代第一條市街改正，以及一九七九年戒嚴時期第一次遊行的橋仔頭老街遭拆除，以「老街復活術」行動藝術表示哀悼與異議。成立「橋蔗少年團」青少年劇團，在白屋舉辦「南島南音樂祭」及「48小時藝術認證」，宣告中斷一年的橋仔頭糖廠藝術村再度復活。

2010

策展「新台灣壁畫隊」，由商毓芳設計移動美術館「白屋」，集合全台灣六十位藝術家在白屋創作。

2011

「新台灣壁畫隊」展開移地創作計畫及返鄉創作計畫，從台北當代藝術館到雲林布袋戲館、再到台東東河，完成環台計畫。

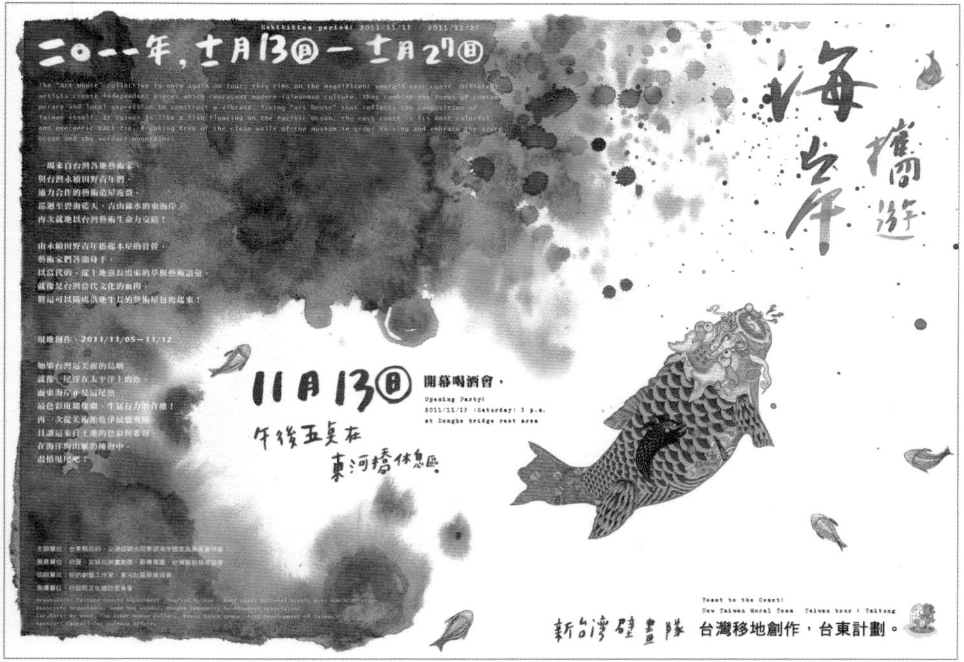

2012

新台灣壁畫隊博覽會在台北華山藝文特區、南投紙教堂、台南白鷺灣美術館、高雄駁二藝術特區同步展開。開始為期三年的北港迓媽祖遶境，前進威尼斯當代藝術園區及日本東北311被災地，同時受邀參加國美館「台灣雙年展」。

2013

在台糖倉庫區成立「物3明星咖啡館」，做為藝術家進駐及展覽空間。展開日本311創作交陪計畫，從宮城縣石巻市到岩手縣大槌町，再到神戶震災公園，完成為期一年的日本移地創作交流。出版《橋仔頭糖廠藝術12年》。

2014

策劃「陳來興，林柏樑雙個展」，完成新台灣壁畫隊北港迓媽祖三年遶境，在金甘蔗影展總部發起「公民救國列車」聲援太陽花學運，在華山藝文特區成立「1914ARTIST SALON」，參加「與社會交往的藝術—香港台灣交流展」。

2015

第十屆金甘蔗影展成立「甘蔗共和國」，舉辦「建國音樂會」，有自己的國歌、國旗、護照。策劃關渡美術館「新台灣壁畫隊，赤焰、游擊、藝術交陪」展。

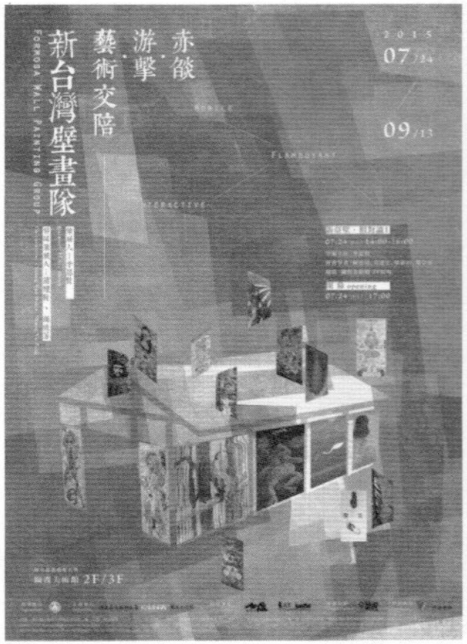

2016

遷居虎尾，擔任台中歌劇院開幕視覺藝術計畫「Theater for all」策展人。顏蘭權、莊益增拍攝的「橋仔頭春秋大夢」紀錄片完成，獲高雄市文藝獎。

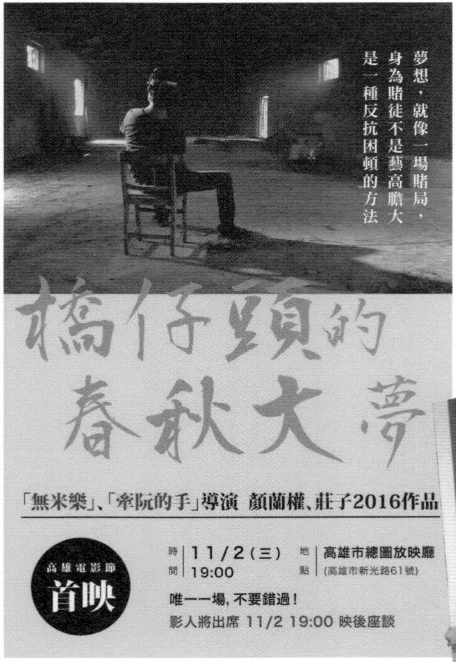

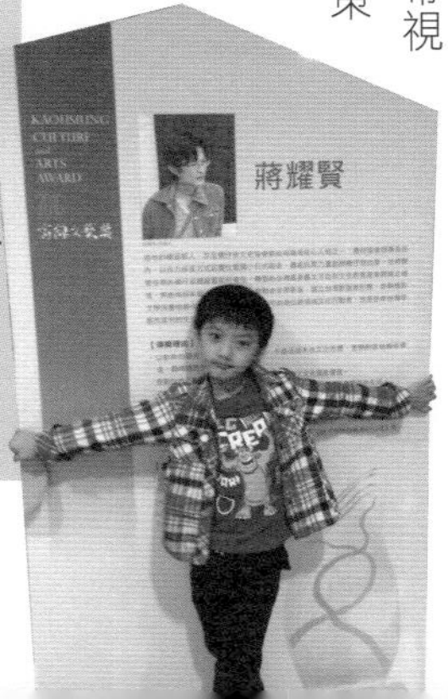

2017

協助營運雲林縣定古蹟涌翠閣、行啟紀念館「八屋行啟青年聚落」，催生「甘蔗共和國社會企業有限公司」。

生活者18

Art space　restless mind　direct

一個文化恐怖份子的深情自白

我的荒糖進行式

作　　者　蔣耀賢
美術設計　崔詠清
企　　劃　莊晏青
印　　務　黃禮賢、李孟儒
副總編輯　田麗卿

社　　長　郭重興
發行人兼出版總監　曾大福
出 版 者　遠足文化事業股份有限公司
發　　行　遠足文化事業股份有限公司
231 新北市新店區民權路 108-4 號 8 樓
電話：(02)2218-1417　傳真：(02)8667-1851
劃撥帳號　19504465　戶名　遠足文化事業有限公司
法律顧問　華洋法律事務所 蘇文生律師
ＩＳＢＮ　978-957-8630-09-3
定　　價　420 元
初版一刷　2018 年 1 月

印　　製　成陽彩色印製股份有限公司
如有缺頁、破損、倒裝，請寄回更換
讀書共和國 http://www.bookrep.com.tw/

國家圖書館出版品預行編目 (CIP) 資料

我的荒糖進行式：一個文化恐怖份子的深情自白 / 蔣耀賢著. -- 初版. -- 新北市：遠足文化, 2018.01
288 面；21×15 公分. --（生活者；18）
ISBN 978-957-8630-09-3(平裝)

541.27　　106023438

圖片索引